군주론
Il Principe

N.마키아벨리 지음 | 박철규 옮김

홍신문화사

저자의
서문
-헌정사-

니콜로 마키아벨리가
위대한 로렌초 디 피에로 데 메디치 전하[1]께 올리는 글

군주의 환심을 얻으려 하는 사람은 대개 자신이 지니고 있는 물건 중 가장 귀중한 것이나, 혹은 군주가 받고 기뻐할 만한 것을 가지고 찾아뵙는 것이 관례입니다. 따라서 군주에게 말이나 무기, 비단, 보석, 그리고 군주의 권위에 어울리는 장신구 등을 선물로 드리는 것을 자주 볼 수 있습니다.

저도 충성의 표시로 무엇인가 전하께 바치고자 했지만, 제가 가진 것 가운데 근래에 일어난 여러 사건에 대한 오랜 경험과 고대사에 관한 꾸준한 연구를 통해 터득한 위인의 행적에 대한 지식 말고는 그다지 귀중하거나 가치 있는 것이 없음을 깨달았습니다. 그래서 신중하고도 정성스럽게 검토하고 심사숙고한 지식을 이 한 권의 작은 책으로 엮어 전하께 바치고자 합니다.

물론 이 책은 전하께 드리는 선물로는 여러모로 미치지 못할 것으로 생각됩

---

[1] 로렌초 대군이 아니라, 그 아들인 피에로 데 메디치의 아들이자 교황 레오 10세의 조카를 말한다. 마키아벨리는 처음엔 이 책을 줄리아노 데 메디치에게 바치려고 했다. 그러나 그가 일찍 사망하자, 그 조카인 젊은 군주 로렌초에게 바쳤다.

니다만, 오랫동안 온갖 시련과 위험을 무릅쓰고 제가 익히고 알게 된 모든 것을 전하께서 짧은 시간 내에 이해하실 수 있게 했으므로, 자비로운 전하께서 제가 바칠 수 있는 선물로 이 이상 좋은 것이 없다 생각하시고 받아주시리라 믿습니다.

이 저작에는 세상 사람들이 글을 쓰거나 꾸미는 데 흔히 쓰는 화려한 미사여구와 과장된 술어, 그리고 인위적 문장 수식은 일절 사용하지 않았습니다. 왜냐하면 저는 이 책으로 이름을 얻고자 하는 것이 아니라, 그 내용의 독창성과 주제의 중요성이 전하께 받아들여지기를 소망할 뿐이기 때문입니다.

신분이 낮고 천한 자가 감히 군주의 통치에 관해 논하거나 그에 관한 지침을 제시하는 것은 건방진 소행이라고 생각하실지 모릅니다. 그러나 부디 그렇게 여겨지지 않기를 바랍니다. 풍경을 그리려는 사람이라면, 산이나 고지의 특징을 살펴보기 위해서는 골짜기와 같은 낮은 지대에 있어야 하고, 평지를 그리는 데 좋은 전망을 위해서는 산꼭대기로도 올라가 보아야 하듯이, 백성의 성격을 제대로 파악하기 위해서는 군주의 위치에 설 필요가 있고, 또 군주의 성격을 제대로 파악하기 위해서는 백성의 위치에 설 필요가 있습니다.

그러므로 전하께서는 부디 이 작은 선물을 제가 보낸 뜻에 따라 받아주십시오. 전하께서 만일 이 책을 꼼꼼하게 읽고 그 뜻을 깊이 새기신다면, 저의 깊은 소망, 즉 운명의 신과 전하의 뛰어난 능력이 약속하는 위대함을 이루셔야 한다는 뜻을 헤아리시게 될 것입니다. 후일 전하가 그 높은 곳에서 이 낮은 곳에 눈을 돌리신다면, 운명으로부터 혹독하고 부당한 고통을 당하고 있는 제가 있다는 사실을 아시게 될 것입니다.

군주론

contents

저자의 서문 - 헌정사 _ 3

제1장 　군주국의 종류 및 그 성립 과정 _ 9

제2장 　세습 군주국 _ 11

제3장 　복합 군주국 _ 14

제4장 　알렉산드로스 대왕이 정복한 다리우스 왕국은 왜 대왕 사후에 반란을 일으키지 않았는가 _ 30

제5장 　병합되기 전 그 고유의 법에 따라 살아온 도시나 국가에 대한 통치 _ 36

제6장 　무력과 능력으로 얻은 신생 군주국 _ 40

제7장 　타인의 무력과 행운에 의해 얻은 신생 군주국 _ 47

제8장 　사악한 방법으로 군주가 된 사람들 _ 60

제9장 　시민형 군주국 _ 68

제10장 　군주국의 국력 평가에 대하여 _ 75

제11장 　교회형 군주국 _ 80

제12장 　다양한 군대의 종류와 용병 _ 86

제13장 　원군, 혼성군, 그리고 자국군 _ 96

제14장 군사에 관한 군주의 처신 _ 103

제15장 군주가 칭찬받거나 비난받는 경우 _ 109

제16장 관대함과 인색함 _ 113

제17장 잔인함과 자비로움, 사랑받는 것과 두려움의 대상이 되는 것 _ 118

제18장 군주는 어떻게 신의를 지켜야 하는가 _ 125

제19장 경멸과 미움을 피하는 방법 _ 131

제20장 요새 구축 등 군주의 정책에 대하여 _ 148

제21장 명성을 얻기 위한 군주의 처신에 대하여 _ 157

제22장 군주의 측근들 _ 164

제23장 아첨꾼을 피하는 방법 _ 168

제24장 나라를 잃은 이탈리아 군주들 _ 173

제25장 운명이 인간사에 미치는 영향, 그리고 운명에 대처하는 법 _ 177

제26장 이탈리아 해방을 위한 권고 _ 184

옮긴이의 말 _ 192

제1장 군주국의 종류 및 그 성립 과정

오늘날까지 민중을 지배해 왔거나 또 현재 지배하고 있는 국가나 통치체제는 공화국 아니면 군주국이다. 군주국은 주권이 군주의 가문에 의해 이어지는 세습제이거나 아니면 신생 군주국이다.

신생 군주국은 프란체스코 스포르차¹가 통치하는 밀라노와 같이 완전히 새로운 것이거나, 에스파냐 왕²이 다스리는 나폴리 왕국처럼 기존 세습국의 군주에 의해 정복되어 군주국의 일부로 편입된 나라다.

그런데 이렇게 편입된 영토는 기존 군주의 지배하에 있던 곳과 자유롭게 살아온 곳³으로 구분할 수 있다. 그리고 그런 영토를 얻기 위해서는 다른 사람의 무력을 이용하거나 아니면 자신의 무력을 사용하는 경우가 있으며, 행운이나 호의에 의한 경우와, 아니면 능력에 의한 경우가 있다.

---

1 1447년 밀라노 공작이던 필리포 마리아 비스콘티가 죽은 후, 암브로시안 공화국을 멸망시키고 1450년 밀라노 공작이 되었다.
2 페르난도 5세. 아라곤 왕 후안 2세의 아들. 1479년 에스파냐를 통일국가로 만들었다.
3 공화국을 말한다.

세습 군주국 제2장

공화국에 대해서는 다른 데서 이미 충분히 논했으므로[1] 여기서는 이야기하지 않겠다. 지금은 군주국에 대해서만 다루려고 하는데, 앞에서 제시한 내용에 따라 군주국을 어떻게 통치하고 유지할 수 있는지 논할 것이다.

군주 가문의 통치에 길든 세습 군주국은 그 통치 과정에서 겪는 어려움이 신생 군주국보다 훨씬 덜하다고 할 수 있다. 세습 군주국은 기존의 관습에서 벗어나지 않으면서 의외의 사태에 적절히 대처하기만 하면 충분하기 때문이다. 그러므로 세습 군주가 보통의 근면과 능력만 갖추고 있다면, 대적하기 어려울 정도로 강력한 힘에 의해 그 자리를 빼앗기지 않는 한, 자신의 국가를 유지할 수 있다. 그리고 설령 권좌에서 쫓겨난다 해도, 그 정복자에게 어떤 불운이 닥치면, 예전의 지위를 되찾을 수 있다.

이탈리아의 페라라 공작을 예로 들 수 있다. 만일 그의 가문이 그 지역에서 대대로 민중들을 다스려 오지 않았더라면, 1484년 베네치아군의 공격과, 1510년 교황 율리우스 2세의 공격을 물리치지 못했을 것이다.

---

[1] 〈군주론〉 이전에 쓴 〈로마사 논고〉를 말하는 것이다.

세습 군주는 신생 군주에 비해 민중을 괴롭힐 이유도 필요성도 별로 없다. 따라서 민중들은 그에게 호감을 가지게 되며, 지나친 악행을 저질러 미움을 받지 않는 한, 그의 백성들이 그를 따르는 것은 자연스러운 일이다. 더욱이 군주 가문의 통치가 오래 지속되어 온 경우에는 급진적인 혁신에 대한 기억과 동기들은 차츰 사라지게 마련이다. 하나의 변혁은 언제나 또 다른 변혁을 불러일으킬 여지를 남기기 때문이다.

복합 군주국 제3장

신생 군주국 통치의 어려움

그러나 신생 군주국은 통치에 많은 어려움이 따른다. 첫째 그 군주국이 완전히 새로운 것이 아니라 병합된 경우(기존의 영토와 새로운 영토가 합쳐져 복합 군주국이라 부를 수 있게 된 경우), 거기서 일어나는 변혁은 모든 신생 군주국이 겪게 마련인 자연발생적인 문제에서 비롯된다. 즉, 민중은 자신들의 처지를 스스로 개선할 수 있다고 생각하면 스스럼없이 지배자를 바꾸려 하며, 이런 기대 속에서 지배자에 대항하여 무기를 들게 되는 것이다. 그러나 그들은 잘못 생각하고 있는 것이다. 그들은 곧 현실의 경험을 통해 자신들의 상황이 전보다 더 악화된 것을 깨닫게 된다.

신생 군주는 자신의 군대를 통해, 또한 정복에 따른 수많은 가해 행위를 통해 언제나 새로운 백성들에게 피해를 가할 수밖에 없다. 이런 상황은 또다른 자연스럽고 정상적인 필요에 의해 발생하게 된다. 다른 군주국을 병합하는 과정에서 피해를 본 자들은 모두 군주의 적이 되며, 또한 일찍이 그가 새로운 지배자가 되는 데 지원했던 사람들까지도 그들이 기대한 만큼 만족시켜 주지 못할 때는 더 이상 우호적인 관계를 유지할 수 없다. 그렇다고 신세를 진 그들에게 강권을 휘두를 수도 없다. 그러므로 신생 군주는 아무리 강력한 군대를 가지고 있다 할지라도 새로운 지역을 점령하기 위해서는 그 거주민의 지지를 얻어야 한다.

바로 그런 이유로 프랑스의 루이 12세는 단숨에 밀라노를 점령했으면서도 곧 그것을 잃고 말았다. 로도비코 스포르차가 자기의 군대만으로 일거에 그 지역을 되찾을 수 있었던[1] 이유는, 프랑스 왕에게 성문을 열어주었던 백성들이 장차 자신들의 기대만큼 행복을 누리지 못하리라는 것을 알게 되자 새로운 지배자에 대한 반감을 참을 수 없었기 때문이다.

반란을 일으킨 영토를 다시 획득할 경우, 이는 쉽게 잃어버리지 않는다. 왜냐하면 군주가 이전의 반란을 거울삼아 반역자를 처벌하고, 혐의자를 찾아내어 안전을 꾀하며, 자신의 통치상 취약점을 보완하는 데 더욱 단호하게 처신할 것이기 때문이다.

그러므로 로도비코 공작은 처음에는 단순히 국경 부근을 교란하는 것만으로 밀라노에서 프랑스 왕을 몰아낼 수 있었다. 물론 다시 프랑스에 빼앗긴 밀라노를 재탈환하기 위해서는 모든 국가들이 연합하여 대항함으로써[2] 프랑스군을 격파하여 이탈리아에서 몰아내야만 했는데, 이는 앞서 말한 원인 때문이다. 그럼에도 불구하고 프랑스 왕이 두 번이나 밀라노에서 내쫓긴 것은 분명한 사실이다.

---

1 스포르차는 1500년 2월 5일 밀라노를 탈환했으나, 같은 해 4월 다시 잃고 말았다.
2 라벤나 전투가 끝난 1512년 4월, 곧 신성동맹의 연합군이 프랑스군과 대결한 때를 가리킨다. 루이 12세는 노바라 전투 후인 1500년 4월 밀라노를 다시 점령했다.

병합한 땅을 안정적으로 유지하는 방법

처음에 영토를 잃게 되는 일반적인 이유에 대해서는 이미 논했다. 이제 영토를 잃게 되는 두 번째 이유에 대해 논하고자 하는데, 그때 프랑스 왕이 취한 대책을 보면 그와 비슷한 처지에 있는 군주가 어떻게 하면 정복한 땅을 그보다 더 잘 유지할 수 있는지 알게 될 것이다.

정복되어 본국에 병합된 영토의 경우, 우선 그 영토가 동일한 언어를 사용하는 동일한 지역에 있는지 살펴보아야 한다. 만약 그런 지역이라면 그 영토를 유지하는 것은 매우 쉬운 일이며, 더욱이 병합된 영토의 주민이 자치적인 생활에 익숙지 못한 경우라면 특히 쉬울 것이다. 그 영토를 안정적으로 유지하기 위해서는 지금까지 지배해 온 군주의 혈통을 근절시키는 것으로 충분하다.

그 밖의 다른 일들에 관한 한, 주민들은 옛날부터의 생활양식이 그대로 지속되고 관습상의 차이가 없으면 평화롭게 살아갈 수 있기 때문이다. 오랫동안 프랑스에 병합되어 있던 브르타뉴, 부르고뉴, 가스코뉴 및 노르망디의 경우를 예로 들면,[3] 비록 언어상의 차이는 다소 있었지만 풍습에는 공통점이 있었으므로 지금껏 쉽게 어울려 살아올 수 있었다.

따라서 그런 영토를 병합한 군주가 그것을 유지하려 한다면 다음 두 가지 사실을 명심해야 한다. 첫째 예전에 그곳을 다스리던 군주의 혈통을 확실히 근절해야 하고, 둘째 종래의 법률이나 세제(稅制)에 변화를 주지 말아야 한다.

---

[3] 가스코뉴는 1453년, 부르고뉴는 1477년, 브르타뉴는 1491년, 노르망디는 1204년부터 병합되었다.

그렇게 하면 새로운 영토는 짧은 기간 내에 기존의 군주국과 완전히 하나가 될 것이다.

본국과 다른 영토의 병합

그러나 언어, 관습, 제도가 다른 영토를 병합할 경우 많은 어려움이 따르고, 그곳을 유지하는 데도 커다란 행운과 엄청난 노력이 필요하게 된다. 그런 영토에 대한 가장 효과적인 해결책은 정복자가 그 지역으로 이주하여 정착하는 것이다. 그것은 병합된 영토를 더욱 안정적으로, 더욱 오래 확보하는 방법이다. 투르크가 그리스를 통치했던 예가 바로 이런 정책의 표본이다.[4]

만일 투르크가 그리스를 직접 통치하려고 하지 않았더라면, 그 영토를 유지하기 위해 취한 그 어떤 방법도 충분치 않았을 것이다. 왜냐하면 현지에 직접 살게 되면 혹시 분란이 일어나더라도 미리 탐지하여 재빨리 대책을 세우고 조치를 취할 수 있기 때문이다. 그러나 만약 그렇지 않을 경우, 분란이 일어나 이미 손을 쓸 수 없게 되었을 때에야 비로소 그 소식을 알게 될 것이다.

더욱이 군주가 직접 살게 되면 그가 임명한 관리들이 백성들을 함부로 약탈하지 못할 것이며, 백성들도 그들의 군주에게 언제나 의지할 수 있으므로 만족하게 된다. 그로 인해 만일 주민이 충성심을 품고 있으면 군주를 흠모하게 되고, 역심(逆心)을 품더라도 군주를 두려워하는 이유가 되며, 이 나라를 공격

---

[4] 그리스에는 15세기 투르크족에게 침략당한 발칸 반도 전체가 포함되어 있다. 투르크족이 그 나라에 살았다는 말은, 1453년 이후 콘스탄티노플이 새로운 국가의 수도가 되었다는 사실을 가리킨다.

하려는 외부의 적도 무척 신중을 기하게 된다. 결론적으로 군주가 현지에 살고 있는 한 그 나라를 빼앗는 것은 결코 쉬운 일이 아닐 것이다.

식민지 건설의 장점

차선의 해결 방법이 있다면, 영토의 중요 거점이 될 만한 몇 군데에 식민지를 건설하는 일이다. 만약 그렇게 하지 않으면 대규모의 기병대나 보병을 주둔시키는 것이 필요하다. 식민지를 운영하는 데는 비용이 거의 들지 않는다. 극히 적은 비용을 들이거나 아니면 전혀 비용을 들이지 않고도 식민지를 건설하고 유지할 수 있다. 식민지를 건설하는 데 피해를 보는 것은 새로운 이주민에게 그 경지와 집을 내주어야 하는 사람들뿐이다.

그런 식으로 피해를 보는 사람들은 국가 전체로 볼 때 일부에 지나지 않는다. 그리고 그들은 널리 분산되어 있을 뿐만 아니라, 가난하기 때문에 군주에게 위협적인 존재가 될 수 없다. 그 나머지 다수의 원주민들은 아무 피해를 입지 않았으므로 쉽게 조용해질 것이고, 자기 소유물을 빼앗긴 사람들처럼 되지 않을까 염려하여 소란을 피울 엄두조차 내지 못할 것이다.

결과적으로 이와 같은 식민지는 많은 비용이 들지 않고, 훨씬 충성스러우며, 또 사람들에게 해를 덜 입히게 된다. 그리고 앞서 말한 바처럼 피해를 입은 사람들은 분산되고 가난해져서 군주에게 전혀 위협적인 존재가 되지 못한다.

여기서 염두에 두어야 할 점은, 사람을 다룰 때는 너그럽게 포용하거나 아니면 철저하게 짓밟아 버려야 한다는 것이다. 왜냐하면 사람이란 사소한 피해에 대해서는 보복을 꾀하지만 엄청난 피해를 입었을 경우에는 감히 보복할 생각도 못하기 때문이다. 따라서 누군가에게 피해를 입힐 때는 복수에 대한 두려움을 가지지 않아도 될 정도로 확실하게 해야만 한다.

군대 주둔의 문제점

만일 식민지를 건설하는 대신 군대를 주둔시킨다면, 그 비용이 훨씬 커질 것이다. 그 지역의 모든 수입은 그 군대를 유지하는 데 들여야 하기 때문이다. 그렇게 되면 그 영토의 획득이 군주에게 오히려 손해가 된다. 그리고 군대가 그 주둔지를 이곳저곳으로 옮기면서 보다 더 심각한 폐해가 일어나게 될 것이다. 그런 불편 때문에 주민들은 분노를 느끼고, 그 결과 모두 군주의 적이 되고 만다. 비록 패배했으나 그들은 자신들의 고향에 그대로 살고 있으므로 훗날 군주에게 해를 끼칠 위험한 적으로 남아 있게 된다. 따라서 모든 면을 생각할 때, 식민지 건설 정책은 매우 효과적이나 군대를 주둔시키는 것은 이로울 것이 없다고 할 수 있다.

인접한 약소국 다루는 법

앞서 말한 것처럼, 그 본국과 언어 및 풍습이 다른 지역을 정복한 군주는 인접한 보다 약한 국가의 맹주가 되어 스스로 보호자로서의 역할을 감당해야 한다. 그리고 그 지역의 강력한 국가를 약화시키고, 돌발적인 사건에 의해 강력한 외부 세력이 그 지역에 개입하는 일이 없도록 경계하지 않으면 안 된다. 옛날 아이톨리아인들이 그리스에 로마군을 끌어들인 예에서 볼 수 있는 것처럼, 지나친 야심이나 두려움[5] 때문에 불만을 품은 자들은 언제나 강력한 외부 세력을 끌어들이게 마련이다. 로마가 침범한 모든 나라에서 원주민의 일부가 그 공격을 도왔다.

일반적으로 외부의 강력한 세력이 한 지역에 침입할 경우 그곳의 약소 세력들[6]이 모두 침입자의 편을 들게 되는 것은 그때까지 자신들을 지배해 온 군주에 대한 원한 때문이다.

그러므로 이런 약소 세력들을 손에 넣는 데는 아무런 수고나 어려움이 없다. 그들은 모두 즉시, 또 자발적으로 그 지역을 정복한 새로운 정복자의 통치를 지지하려는 성향이 있기 때문이다. 군주는 다만 그 약소 세력들이 지나치게 강한 군사력과 영향력을 가지지 못하도록 경계하면 된다. 그리고 그는 자신의 군대와 그들의 도움으로 강력한 세력들을 쉽게 정복할 수 있으며 그 지역을 완전히 손에 넣을 수 있게 된다. 이와 같은 과정을 거치지 않은 군주는 자신이 얻은 것을 곧 잃게 될 것이며, 비록 가지고 있다 해도 수없이 많은 곤경과 재난을 겪게 될 것이다.

---

[5] 지배자에 대한 두려움.
[6] 백성들이 아니라 약간의 권력이나 영향력이 있는 자들.

로마의 통치방식

로마인들은 자신들이 점령한 지역에서 이런 정책을 매우 훌륭하게 시행했다. 그들은 식민지를 건설하고, 약소 세력에 대해서는 힘을 키우지 못하도록 견제하면서 우호 관계를 유지하고, 강대해진 세력은 진압하고, 강력한 외국 세력이 그 지역에 영향력을 행사하지 못하도록 조치를 취했다.

그 한 예로 그리스의 경우를 인용할 수 있다. 로마인들은 아카이아인과 아이톨리아인과 우호 관계를 유지하고, 마케도니아 왕국을 진압하고, 안티오코스를 그 지역에서 몰아냈다.[7] 그러나 로마인들은 아카이아인과 아이톨리아인이 자신들을 도왔음에도 불구하고 그들의 힘이 커지는 것은 용납하지 않았다. 또한 마케도니아의 필리포스가 동맹을 원했으나 로마인들은 그 제안을 받아들이지 않았다. 그리고 안티오코스는 강력한 군사력을 소유하고 있었지만 그리스 내의 어떤 영토도 허용하지 않았다.

선견지명

이와 같이 로마인들은 현명한 군주라면 누구나 할 수 있는 일을 한 것이다. 현명한 군주는 현재는 물론이고 미래에 있을지 모르는 문제에 대해서도 생각

---

[7] 시리아 왕국의 안티오코스 3세(BC 242~187)는 로마와 지중해 지역의 패권을 차지하기 위해 오랫동안 싸웠다. 로마인들에게는 카르타고의 한니발만큼 두려움의 대상이었으나, BC 191년 로마인들에 의해 격파되었다.

하지 않으면 안 되며, 그런 일에 대처하기 위해 모든 수단을 다해야 한다. 문제가 일어나기 전에 예견하면 쉽게 대책을 세울 수 있으나, 그것이 눈앞에 드러날 때까지 기다린다면 그 처방은 너무 늦어 병을 치유하는 것이 불가능하다. 의사들이 소모성 열병에 대해 말하는 것이 이 경우에 해당된다. 즉 초기에는 치료하기는 쉽지만 진단하기 어렵고, 반대로 시간이 지나간 다음에는 병의 진단은 쉽지만 치료는 힘들어지는 것이다.

국가를 다스리는 일도 그와 마찬가지다. 현명하고 생각 깊은 통치자에게만 가능한 일이긴 하지만, 국가의 불안 요소를 일찍이 알아차리면 신속히 해결할 수 있다. 그러나 미리 인식하지 못한 채 사태가 악화되어 모든 사람이 분명히 알아차릴 정도가 되면 어떤 대책도 소용이 없게 된다.

로마인들은 재난을 미리 예견하여 언제나 적절한 대책을 마련할 수 있었다. 그들은 전쟁을 피하기 위해 그런 문제가 커지는 것을 결코 용납하지 않았다. 왜냐하면 전쟁은 회피할 수 있는 것이 아니라 다만 적에게 유리한 상황이 될 때까지 연기될 뿐임을 잘 알고 있었기 때문이다. 그래서 로마인은 이탈리아에서 전투를 벌이는 대신 그리스에서 필리포스나 안티오코스를 맞아 싸우는 쪽을 택했다. 당시 그들은 그 두 세력을 상대로 한 전쟁을 회피할 수도 있었지만 그렇게 하지 않았다. 그들은 우리 시대의 현자(賢者)들이 늘상 말하는 '유리한 시간이 오기를 기다리라'는 격언을 전혀 받아들이지 않았다. 그들은 오히려 자신들의 힘과 신중함을 통해 얻는 이득에 더 의지했다. '시간'이라는 것은 모든 것을 몰고 오기 때문에, 이득과 함께 해악을, 해악과 함께 이득을 가져오기 때문이다.

루이 12세와 베네치아

그러면 다시 프랑스 문제로 돌아가 지금까지 말한 바와 같은 대책이 어느 정도까지 실행되었는지 검토해 보자. 샤를 왕이 아니라 그의 후계자 루이 12세의 경우를 이야기하려 하는데, 루이 12세가 훨씬 더 오랫동안 이탈리아 영토를 지배했으므로[8] 그 통치 과정을 보다 분명히 알 수 있기 때문이다. 여기서 우리는 그가 외국의 영토를 유지하기 위해 반드시 시행해야 하는 것과는 정반대의 정책을 시행한 것을 살펴볼 수 있다.

루이 12세는 베네치아인들의 야망 덕분에 이탈리아를 침공할 수 있었다. 그들은 루이 12세를 끌어들임으로써 롬바르디아 영토의 반을 획득하려 했던 것이다. 루이 12세가 택한 정책을 비난하려는 것은 아니다. 그는 이탈리아에 전초기지를 마련하려고 했으나 그 지역에는 어떤 동맹도 없었으며, 오히려 지난날 샤를 왕의 처신의 결과로 모든 성문이 폐쇄되어 있었기 때문에, 동맹을 맺을 수만 있다면 누구라도 상관없었다. 이런 계획은, 만일 그가 다른 실수를 저지르지 않았다면 충분히 성공했을 것이다.

루이 12세는 롬바르디아를 정복함으로써 샤를 왕으로 인해 잃었던 권력과 명예를 즉각 되찾을 수 있었다. 제노바는 항복했고, 피렌체는 그의 동맹이 되었다.[9] 만토바 후작, 페라라 공작, 벤티볼리오 가문, 포를리 백작부인, 파엔차, 페사로, 리미니, 카메리노, 피옴비노의 영주들, 그리고 루카, 피사, 시에나의 백성

---

[8] 권좌에 있었던 기간이 루이 12세는 1499년에서 1512년까지 13년이나 되었으나, 샤를 왕은 1494년 8월에서 1495년 7월까지 채 1년이 못 되었다.
[9] 제노바는 밀라노에 속한 경우가 많지만 결국 프랑스에 항복했다. 피렌체는 망설이다가 1499년 10월 19일 루이 12세에게 항복했다.

들은 모두 그와 동맹을 맺기 위해 접근했다. 베네치아인들은 그제야 비로소 자신들이 취한 정책이 경솔했음을 깨달았다. 롬바르디아에서 두 개의 도시를 얻기 위해 그들은 프랑스 왕에게 이탈리아의 3분의 1을 지배하게 한 꼴이었다.

루이 12세의 실수

만일 루이 12세가 앞에서 말한 통치방식을 따르고 그 동맹국들을 유지하고 보호했더라면, 별다른 노력 없이 이탈리아에서의 위상을 확실하게 구축할 수 있었을 것이다. 그에게는 많은 동맹들이 있었는데 그들은 힘이 약하여 일부는 교회 세력을, 일부는 베네치아인들을 두려워하고 있었으므로, 그의 편을 들지 않을 수 없었다. 따라서 그는 그들을 이용함으로써 나머지 강대국들에 대항하여 쉽게 그 지위를 확보할 수 있었을 것이다.

그러나 루이 12세는 밀라노에 입성하자마자 교황 알렉산데르 6세의 로마냐 점령[10]을 원조함으로써 앞서 논의했던 것과는 반대 노선을 취했다. 게다가 그는 이런 일로 인해 자기의 동맹국 및 스스로 그의 품으로 찾아든 사람들과 사이가 벌어져 그 세력이 약화되고, 한편 강력한 권위의 근원인 교회의 영적인 권력에 너무 많은 세속적 권력을 보태줌으로써 교황권을 강화시켰다는 점을 깨닫지 못했다.

이 첫번째 실수 이후 그는 이를 만회하기 위해 연달아 다른 실수를 저질렀

---

[10] 사실상 이것은 알렉산데르 6세의 지원에 힘입은 체사르 보르자에 의해 수행되었다.

으며, 나중에는 교황 알렉산데르 6세의 야망을 저지하고 그가 토스카나의 지배자가 되는 것을 막기 위해 루이 12세 자신이 이탈리아를 침공하지 않으면 안 되게 되었다.[11]

교황의 세력을 강화시키고 자신의 동맹국들을 잃어버렸음에도 불구하고, 그는 나폴리 왕국을 탐내어 에스파냐 왕과 그것을 분할하려 했다. 그로 인해 루이 12세는 애초에 자신이 지배자였던 이탈리아에 경쟁자인 에스파냐 왕을 끌어들임으로써,[12] 그 지역의 야심가들과 그에게 불만을 품은 자들에게 도움이 될 만한 세력을 제공한 셈이었다. 루이 12세는 나폴리 왕국에 자신에게 공물을 바칠 허울뿐인 왕[13]을 남겨둘 수 있었음에도 불구하고 그 자리에 자신을 몰아낼 수 있는 강력한 인물을 앉히는 실수를 저질렀던 것이다.

영토를 확장하려는 욕구는 매우 당연하고 정상적인 것으로, 능력 있는 사람이 그 일을 할 때 그들은 비난이 아니라 오히려 찬사를 들을 것이다. 그러나 그럴 능력이 없는 자들이 무리하게 이를 추구할 경우, 그것은 실책으로 이어지며 그들은 비난을 면치 못하게 된다.

따라서 만일 프랑스 왕이 자신의 군대를 이끌고 나폴리를 공격할 능력이 있었다면 당연히 그렇게 했어야 한다. 만일 그럴 수 없었다면, 나폴리를 분할하지 말았어야 한다. 그가 베네치아인들과 함께 롬바르디아를 분할한 것은 이탈리아에 그 거점을 확보했다는 의미에서는 변명이 성립될 것이다. 그러나 나폴리 분할의 경우는 불가피한 것이 아니었으므로 비난받아 마땅한 일이다.

---

11 1502년 5월 체사레 보르자는 피렌체를 향해 진격했으나, 루이 12세가 보낸 군대가 그 앞길을 막았다.
12 1500년 11월 11일, 루이 왕과 페르난도 왕은 그라나다 조약에 의해 나폴리 왕국을 정복하기로 의견을 모았다.
13 아라곤의 프레데릭 1세.

루이 12세가 범한 실책의 교훈

루이 12세는 다음과 같은 다섯 가지 실수를 범했다.

약소 세력들을 섬멸한 것, 이탈리아에 있는 한 군주[14]의 세력을 강화시킨 것, 이탈리아에 대단히 강력한 외세를 끌어들인 것, 그 자신이 직접 그 지역에 정주하지 않은 것, 그리고 그곳에 식민지를 건설하지 않은 것 등이다.

그럼에도 불구하고 베네치아인들의 힘을 약화시키는 여섯 번째 실수[15]를 범하지 않았더라면, 그는 타격을 받지 않고 살아갈 수 있었을 것이다. 물론 교황권을 강화시키거나 에스파냐를 이탈리아 땅에 끌어들이지만 않았더라도, 그가 베네치아를 멸망시킨 것은 정당하고도 필요한 일이었을 것이다.

그러나 이미 앞의 두 가지 결과를 초래한 이상 결코 베네치아의 몰락을 용인해서는 안 되는 것이었다. 베네치아인들이 강한 힘을 지니고 있는 동안에는 다른 세력이 롬바르디아를 침략하지 못하도록 막았을 것이다. 그들이 롬바르디아의 맹주가 되는 것이 아니라면 어떤 정책에도 동의하지 않았을 것이기 때문이다.

또한 다른 세력들도 단지 베네치아인에게 넘겨주기 위해 프랑스 왕으로부터 롬바르디아를 빼앗으려 했을 리도 없으며, 그렇다고 이 두 나라를 상대로 싸울 만한 용기도 없었다.

만약 누군가 루이 12세가 로마냐를 교황 알렉산데르 6세에게, 나폴리 왕국

---

14 알렉산데르 6세.
15 1508년 12월 프랑스는 베네치아에 맞서 캄브라이 동맹에 가입했으며, 베네치아인들은 1509년 5월 14일 패퇴했다.

을 에스파냐에 양보한 것은 전쟁을 피하기 위해서였다고 한다면, 나는 앞서 말한 이유를 근거로 다음과 같이 반박할 것이다.

즉 전쟁은 피할 수 있는 것이 아니라 다만 불리한 방향으로 늦춰질 뿐이므로, 전쟁을 피하기 위해 화근이 자라는 것을 버려두어서는 안 된다고. 그리고 만약 루이 12세가 자신의 결혼 취소를 승인받고 루앙의 대주교를 추기경[16]으로 만드는 대가로 교황과 맺은 약속을 지키려 한 것이라고 주장하는 사람이 있다면, 나중에 '군주의 신의와 그 신의는 왜 지켜야 하는가'에 관해 논할 때 답하기로 하겠다.

상대 세력에 대한 판단

루이 12세는 점령지를 유지하려는 사람이 따라야 할 정책을 이행하지 않았기 때문에 롬바르디아를 잃고 말았다. 이런 사태는 전혀 이상할 것이 없으며 당연하고도 자연스런 일이다.

발렌티노 공작(흔히 교황 알렉산데르 6세의 아들 체사레 보르자를 부르던 이름)이 로마냐 지역을 점령하기 위해 싸우고 있을 때 낭트에서 루앙의 추기경과 이 문제를 논의한 적이 있다. 루앙의 추기경이 이탈리아인들은 전쟁을 이해하지 못한다고 말하기에, 나는 프랑스인들은 정치를 이해하지 못한다고 대꾸했다. 만약 그들이 정치를 알고 있다면 교황이 그렇게 막강한 권력을 갖도록 허

---

16 조르주 담보와즈를 가리킨다. 루이 12세의 고문역.

용하지는 않았을 것이기 때문이다. 경험에 비추어 보더라도 이탈리아에서 교황과 에스파냐가 행사하고 있는 강대한 세력은 프랑스 왕이 자초한 것이며, 그들이 프랑스 왕의 몰락을 가져온 것이 명백하다.

  이런 사실로부터 결코 소홀히 할 수 없는 일반 원칙을 끌어낼 수 있다. 즉 다른 사람을 강하게 만드는 자는 자멸을 초래한다는 것이다. 강대한 세력은 교묘한 술책이나 힘을 통해 이루어지는데, 그 두 가지는 바로 그로 인해 세력을 얻게 된 자가 두려워하는 것이기 때문이다.

제4장

알렉산드로스 대왕이 정복한 다리우스 왕국은 왜 대왕 사후에 반란을 일으키지 않았는가

정복국가를 통치하는 두 가지 방법

알렉산드로스 대왕은 불과 몇 년 만에 아시아의 패자가 되었으며, 그 지역에 완전한 기반을 만들기도 전에 세상을 떠났다. 새로 정복한 영토를 유지하는 일이 얼마나 어려운가에 대해 생각한다면, 알렉산드로스 사후 모든 나라가 반란을 일으킬 것이라고 예상할 수 있을 것이다. 그러나 알렉산드로스의 후계자들[1]은 영토를 훌륭하게 유지했고, 그들 자신의 야심에 의해 발생한 문제 외에는 별다른 어려움을 겪지 않았다는 사실에는 놀라지 않을 수 없다.

그 이유를 설명하기 위해서는 역사적으로 알려진 모든 군주국은 두 가지 서로 다른 방법에 의해 통치되어 왔다는 사실을 상기할 필요가 있다. 그중 한 가지는 군주가 자신의 뜻에 따라 임명한 대신들의 도움을 받아 통치하는 방식이고, 나머지 하나는 군주가 봉건 제후와 더불어 통치하는 방식인데, 그 제후들은 군주의 임명이 아니라 세습된 혈통에 의해 그 지위를 유지하고 있다. 이 경

---

[1] 7명의 그리스 장군들 사이에 내분이 일어나, 결국 11개의 새로운 왕국이 출현했다.

우 제후들은 각자 자신의 영지와 그들을 주인으로 인정하고 충성을 바치는 백성을 가지고 있다.

한 군주와 그 신하들에 의해 통치되는 국가에서 군주는 보다 많은 권한을 가진다. 전 영토를 통하여 군주만큼 절대적으로 높은 지위를 가졌다고 인정받을 만한 존재가 없기 때문이다. 만약 백성들이 다른 사람들에게 복종한다 하더라도, 이는 그들이 군주의 신하나 관리이기 때문이지 개인적으로 특별히 충성해서는 아니다.

투르크와 프랑스의 예

오늘날에는 이와 같은 두 가지 통치 유형의 예를 투르크와 프랑스 왕에게서 찾아볼 수 있다. 투르크 왕국은 온전히 한 군주에 의해 지배되고 있으며 나머지 사람들은 모두 그의 신하에 불과하다. 그는 왕국을 산자크라는 몇 개의 행정구역으로 나누었는데, 각 지역에 행정관료들을 파견하고, 자기 마음대로 그들을 이동시키거나 교체시킨다.

그러나 프랑스 왕은 세습 제후들에 둘러싸여 있는데, 그 제후들은 각자 자신들을 인정하고 충성을 바치는 백성들을 거느리고 있다. 그들은 각각의 고유한 특권을 가지고 있으며, 왕이라 할지라도 위험을 각오하지 않고는 그 특권을 건드릴 수 없다.

이와 같은 두 유형의 국가를 비교하여 생각해 보면, 투르크와 같은 국가는 정복하기가 힘들지만 일단 정복하게 되면 쉽게 유지할 수 있다. 그 반면, 프랑스와 같은 국가는 정복하기는 비교적 쉽지만, 그것을 유지하기는 힘들다.

정복하기는 힘들지만 유지하기는 쉽다

투르크 왕국을 정복하기 힘든 이유는, 첫째 정복하려는 자는 그 왕국의 신하들로부터 원조 요청을 받을 가능성이 없다는 것이고, 둘째 군주의 측근들이 반란을 일으켜 정복을 쉽게 해주리라는 희망도 없기 때문이다. 이것은 앞에서 이미 말한 이유들 때문이다. 즉 관리들은 모두 군주에게 복속되어 추종하고 있기 때문에 그들을 타락시키기는 쉽지 않다. 또 비록 타락시켰다 해도 앞에서 말한 이유로 백성들까지 추종하도록 만들지 못하기 때문에 별다른 도움을 기대할 수 없다.

따라서 투르크를 공격하려면, 무엇보다 그들이 일치단결하여 대항할 것을 생각하여 적의 분열을 기대하기보다 오직 자신의 군사력에 의존해야 한다. 그러나 일단 전투에서 그들을 압도하여 재기하지 못할 정도로 타격을 가했다면, 군주의 가문 외에는 두려워할 것이 없다. 일단 군주의 가문이 단절되면 누구도 백성들을 동원할 만한 권한이 없으므로, 저항의 구심점이 사라져 버린다. 그리고 정복자는 승리 이전에 그들에게 아무것도 기대하지 않았으므로 정복 후에도 그들을 두려워할 필요가 없다.

정복하기는 쉽지만 유지하기는 힘들다

프랑스와 같이 통치되고 있는 나라는 이와 반대되는 현상이 나타난다. 즉 그곳에는 불만을 품고 있는 세력과 변화를 바라는 세력들이 있으므로, 그 왕국의 제후 중 누군가와 결탁하면 쉽게 진격해 들어갈 수 있다. 앞서 말한 이유로 인해 제후들은 왕국으로 침입할 길을 열어주고 승리를 얻도록 도와줄 것이다.

그러나 그후 그 점령지를 유지하는 데 있어 정복을 도왔던 무리들과 그로 인해 피해를 입은 무리들이 지속적으로 문제를 일으킬 것이다. 이때는 군주의 가문을 제거하는 것만으로는 충분치 않다. 새로운 반란을 일으킬 수 있는 제후들이 남아 있기 때문이다. 그런데 그들을 만족시킬 수도 제거할 수도 없으므로, 새로운 군주는 상황이 불리해지면 그곳을 빼앗기게 된다.

다리우스 왕국의 경우

다리우스 왕국의 통치 형태를 살펴보면, 투르크 왕국과 비슷하다는 것을 알 수 있다. 따라서 알렉산드로스 대왕은 다리우스 왕을 완벽하게 진압하여 그의 영토를 빼앗았다. 그후 다리우스 왕이 죽었으므로, 앞서 언급한 이유에 따라 알렉산드로스 대왕은 그 지역을 확고하게 유지할 수 있었다.

만약 알렉산드로스 대왕의 후계자들이 일치단결했더라면, 혼란 없이 그 영토를 보전할 수 있었을 것이다. 다리우스 왕국에서는 그들 스스로가 일으킨

분규를 제외하고는 어떤 저항도 일어나지 않았기 때문이다. 그러나 프랑스 왕국처럼 안정적으로 조직되어 있는 국가의 경우는 그와 같이 쉽게 통치하는 것이 불가능하다.

바로 그런 이유로 인해 에스파냐, 프랑스, 그리스에서 로마에 대한 반란이 자주 일어났던 것이다. 그런 나라들에는 많은 공국들이 있었기 때문이다. 백성들 사이에 이 공국들에 대한 기억이 남아 있는 한, 로마인들은 그 영토들을 안정적으로 유지할 수 없었다.

그러나 로마의 통치가 오랫동안 계속되어 공국에 대한 기억이 퇴색되자, 이들 지역에 대한 로마인의 점령은 확실한 것이 되었다. 나중에 로마인들 사이에 내분이 일었을 때,[2] 각 파벌의 지도자들은 그 동안 자신이 획득한 세력에 따라 각각 그 지역을 지배할 수 있었다. 예전에 그곳을 통치했던 제후들의 혈통이 단절되었으므로, 오직 로마의 지도자들만 그 권위를 인정받게 된 것이다.

이런 사실을 감안한다면, 알렉산드로스 대왕이 아시아 지역에서 그토록 쉽게 영토를 유지했던 사실, 그리고 피로스를 비롯한 다른 정복자들이 점령한 영토를 유지하는 데 많은 어려움을 겪었다는 사실에 대해 의아하게 생각할 필요가 없다. 그와 같은 상반된 결과는 정복자의 능력 여하에 따른 것이 아니라 정복된 지역의 특성에 기인한 것이기 때문이다.

---

[2] 카이사르와 폼페이우스 사이에 벌어진 내전 기간을 말한다.

제5장

병합되기 전 그 고유의 법에 따라 살아온 도시나 국가에 대한 통치

점령된 국가의 통치방법

앞에서 말한 것처럼 그 고유의 법에 따라 자유롭게 사는 데 익숙해진 국가를 병합했을 경우, 그들을 다스리는 데는 세 가지 방법이 있다. 첫째 그 나라의 정치제도를 철저히 파괴하는 것, 둘째 그곳에 옮겨 직접 통치하는 것, 셋째 그들 고유의 법에 따라 살도록 허용하면서, 공물을 바치게 하고 지속적으로 우호관계를 유지할 수 있는 과두정부를 수립하는 것이다. 그런 과두정부는 새로운 군주에 의해 만들어졌기 때문에, 군주의 보호와 지지 없이는 존속될 수 없다는 것을 알고 그 체제를 유지하기 위해 전력을 다할 것이다. 자유롭게 사는 데 익숙한 도시를 유지하기 위해서는, 다른 어떤 것보다 그 시민들을 이용하여 다스리는 것이 보다 쉬운 방법이다.

그 좋은 예로 스파르타인들과 로마인들의 경우를 들 수 있다. 스파르타인들은 아테네와 테베에 과두정부[1]를 수립하여 통치했다. 그러나 결국 그 두 도시

---

[1] 스파르타인들은 펠로폰네소스 전쟁에서 이긴 후인 BC 404년 아테네에 소위 '30인 참주제'라고 불리는 과두정치를 실시했다. 테베에 대해서도 그 제도를 적용했지만, 그 기간은 고작 3년 동안(BC 382~379)이었다.

를 잃었다. 로마인들은 카푸아, 카르타고 및 누만티아를 다스리기 위해 그 나라들을 철저히 붕괴시켰으나,² 그것들을 잃지 않았다. 다른 한편, 로마인들은 그리스에 그들 고유의 법에 따라 살도록 자유를 허용하고 스파르타인들과 거의 비슷한 방법으로 통치하려 했지만 성공하지 못했다. 그래서 그들은 그리스 지역에 대한 지배를 유지하기 위해 많은 도시들을 멸망시킬 수밖에 없었다. 그런 경우 도시를 멸망시키는 것이야말로 그 지배를 확고하게 유지하는 유일한 방법이기 때문이다.

자유롭게 사는 데 익숙해진 도시의 새로운 지배자가 된 군주가 그 도시를 멸망시키지 않는다면, 오히려 그 도시에 의해 자신이 파멸된다는 사실을 명심해야 한다. 반란이란 언제나 자유의 정신과 옛날부터 전해 내려온 제도라는 명분에서 동기를 찾을 수 있기 때문이다. 그런 명분은 시간이 흘러도, 그리고 새로운 지배자가 주는 어떤 이득으로도 결코 잊혀지지 않는 것이다. 따라서 지배자가 어떤 조치를 취하든, 어떤 대책을 마련하든, 주민들을 격리하고 분산시키지 않으면, 그들은 결코 자유의 정신과 옛날부터 내려온 제도를 잊어버리지 않을 것이며, 피사가 100년 동안이나 피렌체 지배하에서 그랬던 것처럼,³ 유리한 기회가 왔다 싶으면 언제든 즉각 반란을 꾀할 것이다.

---

2 카푸아는 BC 211년, 카라타고는 BC 146년, 그리고 누만티아는 BC 133년에 멸망했다.
3 1405년 마리아 비스콘티가 피렌체에 피사를 팔아넘겼다. 1494년 샤를 8세의 침입으로 이탈리아 정세가 혼란스러운 와중에 피사는 100년 만에 반란을 일으켰다. 피렌체는 이때 피사를 잃었으나, 1509년 다시 합병했다.

오래된 군주국과 공화국의 차이

그러나 군주의 지배에 익숙해 있다가 그 군주의 가문이 멸절된 도시나 국가는, 예전의 지배자가 없는 상태에서도 여전히 주민들에게 복종의 습성은 남아 있다. 하지만 그들은 자기들 사이에서 누구를 지도자로 선출할 것인지에 대해서는 합의를 보지 못한다. 더욱이 그들은 자유로운 생활을 영위하는 방법을 모르므로, 쉽게 무기를 들고 반란을 일으키지 못한다. 따라서 새로운 군주는 그들을 쉽게 정복할 수 있고, 또 그들이 자신에게 해를 끼치지 않을 것이라고 확신할 수 있다.

하지만 공화국의 경우에는 더 확실한 생명력, 더 격렬한 증오, 그리고 복수에 대한 더 강한 집념이 있다. 그들은 오래 전에 누렸던 자유에 대한 기억을 쉽게 잊지 못하며, 또 잊을 수도 없다. 따라서 가장 확실한 방법은, 그 나라를 완전히 파괴해 버리거나, 아니면 직접 그곳에 살면서 다스리는 것이다.

무력과 능력으로 얻은 신생 군주국

제6장

위대한 인물의 모방

완전히 새로운 군주국에 대해 말하면서 가장 위대한 인물과 정부를 예로 든다 해도 그다지 놀랄 만한 일은 아니다. 사람이란 거의 항상 자신보다 앞서 살았던 사람들의 발자취를 따르고, 모방이야말로 인간 행동의 지도적 원리이기 때문이다. 비록 그들이 걸어간 길을 완벽하게 따라가지도 못하고 또 그들이 지닌 능력에 미치지 못한다 해도, 현명한 사람이라면 언제나 위대한 사람들이 걸어간 길을 따르고, 뛰어난 업적을 남긴 인물을 모범으로 삼음으로써 그와 비슷한 업적을 내고자 할 것이다.

그런 사람은 과녁이 아주 멀리 떨어져 있을 때 노련한 궁사가 활을 쏘는 것과 마찬가지로 행동해야 한다. 그때 자기 활의 힘을 알고 있는 궁사는 과녁보다 훨씬 높은 곳을 겨냥하는데, 이는 그 지점을 맞히려는 것이 아니고 높은 곳을 겨냥함으로써 과녁을 맞히려는 것이다.

이와 같이 새로운 군주가 완전히 새롭게 그 통치권을 얻은 나라를 유지하며 겪는 어려움은 오직 그 능력에 따라 달라진다고 할 수 있다. 그리고 일개 시민이 군주가 된다는 것은 그 능력이나 행운에 의한 것임을 전제하므로, 그 두 가지 중 하나가 그가 겪을 어려움을 어느 정도까지는 덜어 줄 것이다. 그럼에도 불구하고 될수록 행운에 의존하지 않으려는 군주가 자신의 지위를 더욱 잘 유지할 것이다. 특히 그가 다른 영토를 가지고 있지 않아 직접 그 나라에 옮겨 살며 다스려야 하는 경우라면 더욱 도움이 될 것이다.

능력으로 군주가 된 사람들

행운이 아니라 자신의 능력에 의해 군주가 된 사람들을 살펴보면, 모세, 키루스, 로물루스, 테세우스 등이 가장 뛰어난 인물들이라고 생각한다. 그 가운데 모세는 단순히 신의 명령을 집행했을 따름이니 논의할 필요가 없다는 사람도 있겠지만, 신과 직접 대화를 나눌 정도의 은총을 받았다는 것만으로도 찬양받을 만하다. 그리고 키루스처럼 왕국을 차지했거나 건설한 사람들에 대해 생각해 보면, 그들 역시 훌륭한 인물들임을 알 수 있을 것이다. 그들의 행적이나 그들이 만들어낸 특수한 제도를 보면, 위대한 지도자였던 모세의 경우와 별로 다를 바가 없음을 느끼게 된다.

그들의 행적과 생애를 잘 살펴보면, 그들은 기회라는 소재를 이용해 자신들이 원하는 형태로 만들어낸 것 외에는 어떤 행운에도 의존한 바가 없다는 것을 알 수 있다. 그런 기회가 없었더라면 그들의 위대한 정신력도 쓸모없이 소진되었을 것이고, 그런 정신력이 없었더라면 그런 기회 역시 아무런 쓸모가 없었을 것이다.

그러므로 모세에게는 이집트인들의 노예로서 탄압받고 있는 이스라엘 백성이 필요했으며, 이스라엘 백성들은 노예 상태에서 벗어나기 위해 그를 따를 준비가 되어 있었다. 마찬가지로 로물루스가 로마의 건국자이자 왕이 되기 위해서는 알바에 그대로 머무르는 것보다 태어나자마자 버림받을 필요가 있었다.[1] 키루스 왕 역시 메디아인들의 지배에 불만을 품고 있던 페르시아인들과 오랜 평화[2]로 인해 나약해진 메디아인들이 필요했다. 그리고 테세우스도 아테네인이 분열되어 있지 않았더라면 그 위대한 능력을 발휘하지 못했을 것이다. 따라서 그들을 성공하게 만든 것은 그런 기회였으며, 그 기회를 알아차리고 잘 잡아 그 나라의 영광과 번영으로 바꾼 것은 오직 그들이 지닌 비범한 능력 덕분이었다. 그들처럼 자신의 능력에 의해 힘들게 나라를 차지하게 된 인물들은 별다른 어려움 없이 그것을 유지한다.

새로운 제도의 도입

나라를 얻는 데 따르는 어려움은 부분적으로 그 나라의 건설과 유지를 위해 새로운 법률과 제도를 도입하는 과정에서 더욱 커지게 된다. 새로운 질서를 도입하는 것이 정책을 집행하는 것보다 훨씬 위험하고 어려우며 성공하기 힘들다는 것을 깨달아야 한다. 구질서로부터 이익을 얻던 모든 사람들이 개혁을 단행하는 인물에게 반기를 드는 반면, 새로운 질서로부터 이익을 얻게 될 사

---

[1] 알바의 왕 누미토르의 손자인 로물루스와 레무스 쌍둥이 형제는 태어나자마자 버려졌다. 그러나 늑대의 젖을 먹고 자라 나중에 테베레 강가에 나라를 세웠는데, 그것이 바로 로마이다.
[2] BC 600년부터 560년까지 이어진 평화로운 시기를 말한다.

람들은 기껏해야 미온적인 지지자로 남아 있기 때문이다. 이런 미온적인 태도는 한편으로는 자신들만의 법으로 이익을 누리던 적들에 대한 두려움, 다른 한편으로는 체험에 의해 확인되기 전까지는 새로운 질서를 믿지 않으려는 인간의 회의적 속성에서 비롯된다.

따라서 변화에 적의를 품고 있는 자들은 공격할 기회가 있으면 언제나 적극적으로 달려드는 데 반해, 새로운 질서를 지키려는 자들은 미온적인 태도를 취함으로써 군주는 그들과 함께 위험에 빠지게 되는 것이다.

이 문제를 보다 철저하게 논의하기 위해, 이런 개혁자들이 자신의 의지에 따라 행동하는지, 아니면 다른 세력의 지원에 의지하고 있는지 살펴볼 필요가 있다. 즉 목적을 달성하기 위해 타인을 설득해야 하는지, 아니면 자신들의 힘만으로 달성할 수 있는지 살펴보아야 한다. 전자의 경우, 그들은 거의 언제나 실패하며 아무것도 이루지 못한다. 그러나 타인에게 의존하지 않고 자신의 능력과 힘을 사용할 때는 거의 실패하지 않는다. 따라서 무력을 갖춘 예언자[3]는 성공하지만 말뿐인 예언자는 모두 몰락하는 것이다.

이미 말한 이유 이외에, 민중은 천성적으로 변덕스럽기 때문에 그들을 설득하기는 쉽지만 그 설득된 상태를 확고히 유지하기는 매우 힘들다. 그러므로 새로운 질서에 의한 계획을 집행하는 데 있어, 그들이 더 이상 믿으려고 하지 않을 때는 강제적인 힘으로라도 믿도록 해야 한다.

모세, 키루스, 테세우스, 그리고 로물루스도 무력이 없었다면, 자신들이 만든 새로운 체제를 오랫동안 지속하지 못했을 것이다. 오늘날 지롤라모 사보나

---

[3] 신정일치(神政一致)의 통치자인 모세와 사보나롤라를 가리킨다.

롤라 신부에게서 그 예를 찾아볼 수 있다. 그는 민중의 신뢰를 잃자마자 그 자신이 세운 새로운 질서와 함께 몰락했다. 그는 자신을 믿었던 사람들의 지지를 유지할 수단도, 믿지 않았던 사람들에게 믿음을 줄 방법도 없었던 것이다.

그러므로 그런 개혁자들은 자신의 계획을 수행하는 데 많은 어려움을 겪게 되고 무수한 위험에 직면하는데, 그것은 오직 용기와 능력으로 극복해야 한다. 일단 그런 시련을 극복하고 존경받기 시작하면, 그들은 성공을 시기하는 무리들을 제거한 후 안정적인 상태에서 존경받는 성공적인 지도자로 남게 된다.

시라쿠사의 히에론

앞에서 인용한 유명한 사례보다는 덜 중요하지만, 한 가지 사례를 더 살펴보자. 그러나 그것 역시 다른 사례들과 어느 정도 관계가 있으므로 이와 비슷한 사례들을 대변할 수 있다고 생각한다.

그것은 바로 시라쿠사 왕 히에론의 경우이다. 그는 일개 시민에서 시라쿠사의 왕이 되었다. 그는 기회를 제외하고는 그 성공에 행운의 도움을 받은 바가 없다. 즉 탄압받고 있던 시라쿠사인들이 그를 지도자로 선출했으며, 그는 그 직무를 성공적으로 수행하여 군주가 되었다. 또한 그는 평범한 시민이었던 시절에도 뛰어난 능력을 발휘하여, '그에게 부족한 것은 다스릴 왕국이 없다는 점뿐이다'라는 기록이 전해 내려올 정도였다.

그는 오래된 군사제도를 폐지하고 새로운 군대를 조직했으며, 예전의 동맹을 파기하고 새로운 동맹 관계를 수립했다. 그 군대와 동맹을 기반으로 그는 자신이 원하는 국가를 세울 수 있었다. 따라서 그에게는 처음 권력을 얻는 일이 힘들었지, 그것을 유지하는 데는 별 어려움이 없었다.

제7장

타인의 무력과 행운에 의해 얻은 신생 군주국

타인의 도움으로 군주가 된 자들의 문제점

일개 시민에서 다만 운이 좋아 군주가 된 자는 그 자리에 오르기는 쉽지만 그것을 유지하는 데는 많은 어려움을 겪는다. 그런 자들은 쉽게 목적지에 도달했기 때문에 그 앞길에 아무 장애물이 없었지만, 시련은 그 이후에 닥쳐온다. 이런 상황은 돈으로 영토를 사거나 또는 다른 사람의 호의에 의해 나라를 양도받은 경우에 발생한다. 그리스의 이오니아와 헬레스폰투스의 여러 도시국가에서 이런 일이 있었는데, 다리우스 왕은 자신의 권력 유지와 영광을 위해 군주들을 양산했다.[1] 또 일개 시민이 군인들을 뇌물로 매수함으로써 황제의 지위에 오른 경우도 있다.

이런 자들의 지위는 그들을 군주로 만들어준 사람의 뜻과 운명에 따라 유지할 수 있는데, 그 두 가지는 지극히 불확실하고 불안정한 것이다. 그들은 자신들의 권력을 유지하는 데 필요한 방법도 모르고 또 그런 능력도 부족하다. 대단한 지식이나 능력을 지니고 있지 않은 한, 줄곧 일개 시민으로 살아온 그들

---

[1] 여기서 그리스는 그리스 본토가 아니라 소아시아와 헬레스폰투스의 그리스 도시들을 말한다.

이 통치하는 방법을 안다는 것은 기대할 수 없다. 또한 그들은 우호적이며 충성심을 가진 군대가 없기 때문에 그것을 유지할 능력도 없다. 게다가 갑작스럽게 형성된 나라는 태어나 급하게 성장하는 식물처럼 처음으로 맞게 된 악천후를 견딜 수 있는 튼튼한 뿌리를 가지지 못했다.

이와 같이 갑자기 군주가 된 사람들은 주어진 행운을 지키는 방법, 그리고 다른 사람들이 군주가 되기 전에 마련해 두었던 기초작업을 자신은 군주가 된 후에 하고 있다는 사실을 깨닫지 못하는 한, 이런 일이 일어나게 마련이다.

군주가 되는 두 가지 방법, 즉 능력이나 행운에 의한 것 중 최근에 있었던 예로는 프란체스코 스포르차와 체사레 보르자의 경우를 들 수 있다.

스포르차와 보르자

프란체스코 스포르차는 적절한 방법[2]과 뛰어난 능력을 바탕으로 일개 시민에서 밀라노 공작이 되었다. 그는 많은 시련을 겪은 끝에 그 지위를 얻었으나 그것을 유지하는 데는 별다른 어려움이 없었다.

그와는 달리 보통 '발렌티노 공작'으로 불리는 체사레 보르자는 아버지 덕분에 그 지위를 얻었으나, 그 운이 다하자 그것을 잃어버렸다.[3] 다른 사람의 힘과 호의로 얻은 영토에 뿌리를 내리기 위해 사려 깊고 능력 있는 사람이 취해야 할 모든 노력과 수단을 다했음에도 불구하고 그렇게 되었던 것이다.

---

2 속임수 및 배신.
3 1503년 알렉산데르 6세가 사망한 것을 말한다.

앞에서 말한 것처럼 처음에 기초작업을 제대로 하지 못한 사람은, 만일 그가 뛰어난 능력의 소유자라면 나중에라도 기초를 쌓을 수 있지만, 그것은 참으로 어려운 일이며 그렇게 세운 구조물[4] 역시 매우 불안정하다.

발렌티노 공작이 남긴 모든 행적을 살펴보면, 그가 미래의 권력을 유지하기 위해 얼마나 강력한 기초를 쌓았는지 알 수 있다. 새로 군주가 된 자로서 그의 행적들보다 더 모범적인 선례도 찾기 어려우므로, 그것을 여기서 살펴보는 것이 무의미한 일은 아니라고 생각한다. 비록 그의 노력이 궁극적으로 그에게 이롭지 못했다 할지라도, 그것은 그의 실수 때문이 아니라 전적으로 예외적이며 극단적인 불운에 의한 것이라 할 수 있다.

알렉산데르 6세와 루이 12세의 도움

알렉산데르 6세는 자신의 아들인 발렌티노 공작의 세력을 키우는 과정에서 당시에는 물론 그 후에도 많은 어려움을 겪어야 했다. 무엇보다 그는 아들을 교황령의 일부가 아닌 지역의 군주로 앉힐 방법을 강구하지 못했다. 그렇다고 만일 교황령에 속한 일부를 차지하려 한다면, 밀라노 공작과 베네치아인들이 가만히 있지 않을 것이 분명했다. 파엔차와 리미니는 이미 베네치아인들의 보호하에 있었기 때문이다. 게다가 그는 이탈리아의 군대, 그 가운데서도 특히 그가 동원할 수 있는 군대는 교황의 권력이 강해지는 것을 두려워하

[4] 국가나 정부를 가리킨다.

는 사람들이 쥐고 있다는 것도 알고 있었다. 모든 군사력은 오르시니와 콜론나 및 그 추종자들이 장악하고 있었으므로 그에 대한 기대를 가질 수 없었던 것이다.

따라서 그런 영토 중 일부라도 확실하게 차지하기 위해서는 기존 질서를 깨뜨리고 이탈리아의 여러 나라를 혼란 속에 몰아넣을 필요가 있었다. 그 일은 베네치아인들이 다른 이유로 프랑스군을 다시 한 번 이탈리아로 끌어들일 계획이 있다는 사실을 알게 되었기 때문에 별로 어렵지 않게 실행에 옮겼다. 교황은 베네치아인들의 결정에 반대하지 않은 것은 물론, 루이 12세의 첫번째 결혼을 취소시켜 줌으로써 그것을 더욱 쉽게 했다.

루이 12세는 베네치아인들의 지원과 교황 알렉산데르 6세의 묵인하에 이탈리아에 침입했다. 루이 12세가 밀라노를 점령하자마자 교황은 그 병력을 인계받아 로마냐에 대한 공격을 시작했다. 루이 12세는 자신의 명망을 위해 그 일을 허용했던 것이다.

자신의 힘에 의존한 보르자

로마냐 지방을 차지하고 콜론나를 제압한 후, 발렌티노 공작은 점령한 지역을 확보하고 영토를 확장하려고 했다. 그러나 그 일에는 두 가지 장애물이 있었다. 하나는 자기 군대의 충성심을 믿을 수 없다는 것이고, 다른 하나는 프랑스 왕의 속셈을 알 수 없다는 것이었다. 지금까지 이용해 온 오르시니의 군대가 혹시 나중에 등을 돌려 영토 확장을 방해할 뿐 아니라, 자신이 이미 얻은 것마저 빼앗지 않을까 염려가 되었던 것이다. 루이 12세 역시 자신이 차지한 영토를 빼앗지 않을까 두려웠다.

오르시니 군대의 충성심에 의심을 하게 된 것은, 파엔차 점령 후 볼로냐로 진격했을 때 소극적인 태도를 보였기 때문이다.[5] 그리고 루이 12세에 대해서는, 공작이 우르비노 공국을 점령하고 토스카나로 진격했을 때 그가 그 전투를 포기하도록 종용하는 것을 보고 그 진의를 간파했다. 그래서 공작은 더 이상 타인의 무력이나 호의에 의존하지 않기로 결심했다.

공작은 우선 로마에 있는 오르시니, 콜론나 두 가문의 추종 세력을 약화시켰다. 즉 그들을 따르던 많은 귀족들을 모두 자기 편으로 만들고, 그들에게 넉넉한 재물을 주었으며, 그들의 지위에 따라 지휘권과 관직을 주었다. 그 결과, 몇 달 만에 그들이 따르던 파벌에 대한 충성심을 버리고 전적으로 공작을 따르게 되었다. 그 다음, 공작은 콜론나파의 지도자들을 분산시킨 후 오르시니파의 우두머리들을 제거할 기회를 엿보았다. 드디어 그 기회가 오자 그는 그것을 충분히 활용했다.

공작과 로마 교황의 세력이 강해진다는 것은 결국 자신들의 파멸을 의미한다는 사실을 뒤늦게 깨달은 오르시니파의 지도자들은 페루자 지방의 마지오네에서 회합을 가졌다.[6] 그 회합의 결과로 공작은 우르비노의 반란과 로마냐의 폭동 등 큰 위험에 직면했으나, 프랑스의 도움으로 극복할 수 있었다.

이런 과정을 거쳐 권위를 되찾게 된 공작은 더 이상 프랑스 왕은 물론 모든

---

[5] 그로부터 며칠 지나지 않아 보르자는 조반니 벤티오글리오와 화친을 맺을 수밖에 없었다.
[6] 1502년 10월, 오르시니 가는 체사레 보르자의 공격을 막기 위해 페루지노 근교의 마지오네에서 비밀회의를 가졌다. 그 결과 우르비노 등에서 반란이 일어났다.

외부세력을 믿지 않았으며, 그들에게 의존하지 않기 위해 책략을 쓰기 시작했다. 그는 자신의 의도를 교묘하게 숨긴 채 파올로 영주를 통해 오르시니파의 지도자들에게 화해를 청했다.[7] 공작은 파올로를 안심시키기 위해 매우 정중하게 대접했으며, 돈, 화려한 의복, 말을 주는 등 온갖 친절을 다 베풀었다. 그 결과, 단순한 오르시니파의 지도자들은 세니갈리아에 와서 공작의 수중에 떨어졌다.[8] 이렇게 하여 공작은 그 지도자들을 죽이고 그들의 추종자들을 자기 편으로 만들어 매우 확고한 권력 기반을 마련했다. 그는 우르비노 공국과 함께 로마냐 전체를 장악하게 되었고, 특히 로마냐 주민들은 그의 통치로 인해 번영을 누리게 되자 자기들의 행운을 기뻐하며 그를 따르고 지지하게 되었던 것이다.

로마냐의 평화

그때 발렌티노 공작이 시행한 정책은 뛰어난 것이어서 다른 사람이 본받을 만한 가치가 있으므로 좀더 논의해 보기로 한다. 로마냐를 손에 넣은 공작은, 백성들을 바르게 다스리기보다는 약탈을 일삼고, 단결보다는 분열의 원인을 제공한 무능한 제후들이 그곳을 다스려 왔다는 사실을 알게 되었다.

따라서 그 지역은 도둑질, 폭동, 그리고 온갖 종류의 불법이 횡행하고 있었

---

[7] 10월 25일, 파올로 오르시니는 이몰라에서 다른 지도자들을 대표하여 체사레 보르자를 만났다.
[8] 체사레 보르자는 1502년 12월 31일 비텔로초 비텔리 등을 교살했으며, 이듬해인 1503년 1월 18일 파올로 오르시니를 같은 방법으로 죽였다.

다. 공작은 그 지역을 평정하고 그의 권위에 순종하게 만들려면 효과적인 통치를 할 필요가 있다고 판단했다.

그래서 그는 엄격하지만 유능한 레미로 데 오르코라는 인물을 파견하고 그에게 전권을 주었다. 레미로는 짧은 기간 내에 그 지역의 평온과 질서를 회복하여 좋은 평판을 얻었다.

그 후 발렌티노 공작은 레미로의 지나친 권한 행사는 백성들의 반감을 살 염려가 있으므로 더 이상 필요하지 않다고 생각했다. 그래서 그는 그 지역의 중심부에 시민재판소를 설치하고 권위 있는 재판장으로 하여금 관장하게 하고, 각 도시별로 그곳에 법률가를 파견하게 했다. 그 동안의 가혹한 조치로 인해 백성들 사이에 반감이 생겼다고 판단했으므로, 그런 반감을 무마시키고 자신을 전적으로 신뢰하게 만들기 위해, 지금까지의 가혹한 조치는 모두 자신이 시킨 것이 아니라 대리인의 거친 성품에서 비롯되었음을 보여주려 했던 것이다.

그런 생각을 실천에 옮길 적절한 기회를 잡은 공작은, 어느 날 아침[9] 체세나 광장에 두 토막이 난 레미로의 시체를 그 목을 자르는 데 사용한 나무토막 및 피 묻은 칼과 함께 놓아두었다. 그 참혹한 광경에 백성들은 경악과 동시에 만족을 느꼈다.

---

[9] 레미로는 1502년 12월 22일에 체포되어, 나흘 후인 12월 26일 처형되었다.

앞날에 대한 대비책

다시 본론으로 돌아가 보자. 그리하여 발렌티노 공작은 자신의 군대를 거느리게 되었고 주변에서 그를 위협하던 세력을 대부분 제거했으므로, 대단히 강해지고 또 당면한 위험에 대해 어느 정도 안전을 확보하게 되었다.

그러나 그는 더 많은 영토를 병합할 생각이었으므로 프랑스 왕에 대해 매우 조심스러운 태도를 보였다. 뒤늦게 공작의 세력 증대가 자신의 실책[10] 때문임을 알아차린 루이 12세가 그 계획을 용납하지 않으려 할 것이라는 점을 간파했던 것이다.

그래서 그는 새로운 동맹국을 찾는 한편, 가에타를 포위하고 있던 에스파냐 군과 싸우기 위해서 나폴리 왕국으로 진격하고 있던 프랑스에 대해 기회주의적인 태도를 취했다. 그의 의도는 프랑스에 대해 자신의 안전을 확보하는 것이었다. 만일 교황 알렉산데르 6세가 살아 있었더라면 그의 계획대로 되었을 것이다.

이것은 당면 상황에 대해 그가 취한 정책이었다. 그러나 장래의 일을 생각할 때는 걱정이 있었다. 새로운 로마 교황이 우호적이 아닐 경우, 알렉산데르 6세가 자신에게 준 것을 빼앗으려 하지 않을까 하는 걱정이었다. 그는 네 가지 방책을 취함으로써 그런 가능성으로부터 자신을 보호하고자 했다. 첫째, 일찍이 그가 빼앗은 영토의 이전 통치자들의 혈통을 근절시킴으로써 새 교황이 그들에게 권력을 되돌려주지 못하게 했다. 둘째, 앞서 언급한 바와 같이 모

---

[10] 체사레 보르자를 과소평가한 것.

든 로마 귀족들을 자기 편으로 끌어들여 그 도움을 받아 새 교황을 견제하는 것이다. 셋째, 가능한 한 추기경 회의단을 자신의 세력으로 만드는 것이다. 넷째 아버지인 교황이 죽기 전에 그 권력을 확고히 하여 외부의 도움 없이도 적의 공격을 물리칠 수 있도록 대비하는 것이다.

알렉산데르 6세가 사망했을 때 그는 이 네 가지 중 세 가지를 이미 달성했으며, 네 번째 것도 거의 이루어 가고 있었다. 그는 자신에게 영토를 빼앗긴 통치자들의 일족을 수없이 살해함으로써 단지 소수만이 화를 면했다. 또 그는 로마 귀족들과 대부분의 추기경을 자기 편으로 만들었다. 그리고 새로운 영토를 정복하는 일에서 토스카나의 지배자가 될 계획을 세웠으며, 이미 페루자와 피옴비노를 점령하고, 피사는 이미 그의 보호하에 있었다. 프랑스에 대해 더 이상 신경을 쓸 필요가 없어지자(프랑스가 에스파냐에 나폴리 왕국을 빼앗기자, 그런 상황하에서 두 강대국은 제각기 발렌티노 공작과 동맹을 맺어야 할 필요가 있던 것이다) 공작은 재빨리 피사를 공격했다. 그 후 루카와 시에나는 피렌체에 대한 시기와 공작에 대한 공포로 인해 곧 항복했으며, 피렌체는 그것을 막을 어떤 대비책도 없었다.

이런 모든 계획에서 성공했더라면(그것은 알렉산데르 6세가 죽은 바로 그해에 실현될 수 있었다) 그는 막강한 군사력과 명성을 얻었을 것이고, 그러면 더 이상 타인의 호의나 군대에 의지하지 않고 그 자신의 힘과 능력만으로도 자립할 수 있었을 것이다.

예견 못한 비운

그러나 공작이 칼을 뽑은 때로부터 5년 만에 알렉산데르 6세는 죽고 말았다. 그가 아들에게 확실하게 남겨준 영토라고는 로마냐뿐이었으며, 나머지는 모두 적대적인 두 강대국[11] 사이에 끼여 불안정했다. 게다가 공작은 크게 앓아 누웠다.

그래도 공작은 불굴의 정신과 뛰어난 능력을 가진 사람이었다. 그는 어떻게 하면 사람들을 자기 편으로 끌어들이며 또 어떻게 하면 잃게 되는지 잘 알고 있었다. 극히 짧은 기간이지만 그가 쌓은 토대가 견고한 것이었음을 생각해 볼 때, 만일 그와 같이 막강한 국가들과 맞서지 않았거나 또 건강이 좋았더라면, 그는 그 모든 난관을 극복했을 것이다.

그가 지닌 권력의 토대가 얼마나 튼튼했는지는 다음 사실에 의해 알 수 있다. 즉 로마냐의 백성들은 그를 한 달 이상이나 기다렸고,[12] 로마에서는 병으로 거의 죽어가는데도 그에 대한 어떤 공격도 없었다. 또한 당시 로마에 발리오니파와 비텔리파, 그리고 오르시니파의 지도자들이 왔지만 그에 대한 반역을 꾀할 수가 없었다. 그는 비록 자신이 원하는 사람을 교황의 자리에 앉히지는 못했으나 적어도 자신이 원치 않는 사람이 선출되는 일만은 막을 수 있었다. 교황 알렉산데르 6세가 죽었을 때 그가 건강하기만 했어도 모든 일이 잘 풀렸을 것이다. 율리우스 2세가 교황에 선출되던 날, 발렌티노 공작은 나에게 이렇게 말했다.

---

11 에스파냐 세력과 프랑스 세력.
12 체사레 보르자가 곤잘로 페르난데스에게 붙잡혔다는 소식을 들은 다음에야 투항한 도시들이 있다.

"나는 아버지의 죽음으로 인해 일어날 수 있는 일들을 이미 생각해 두었고 그 대처 방안도 마련했다. 그러나 아버지가 죽음을 맞이할 때 나 자신도 죽음의 문턱에 가 있게 되리라고는 상상도 못했다."

공작에게서 배워야 할 것들

이제 와서 발렌티노 공작의 모든 행적을 돌이켜볼 때, 나로서는 그를 비판하고 싶은 마음이 없다. 오히려 이미 말한 것처럼 행운이나 타인의 호의로 권좌에 오른 모든 사람들이 모범으로 삼을 만한 인물로서 추천하는 것이 옳다고 생각한다. 아무리 큰 뜻과 야망을 가진 사람이라 해도, 그 이상의 행동은 할 수 없기 때문이다. 그의 계획은 오로지 그의 아버지의 단명(短命)과 자기 자신의 병으로 인해 좌절되었던 것이다.

따라서 새로운 군주국의 경우, 다음과 같은 조치가 필요하다고 생각한다면 공작의 행적만큼 생생한 본보기는 없을 것이다. 즉 적으로부터 효과적으로 자신을 지키는 것, 동맹을 맺는 것, 무력이나 계략으로 정복하는 것, 백성들로 하여금 사랑과 함께 두려움을 느끼게 하는 것, 군대로부터 존경받고 그들을 복종하게 하는 것, 군주에게 해를 가하거나 또 해를 가할 가능성이 있는 자들을 제거하는 것, 낡은 제도를 새로운 제도로 개혁하는 것, 엄격하면서도 정중하고 너그러우면서도 대범한 처세를 하는 것, 불충한 군대를 해산하고 새로운 군대를 조직하는 것, 주변의 왕 및 제후들과 동맹 관계를 맺어 그들이 기꺼이 도움을 줄 수 있도록 하고 해를 가하지 못하게 만드는 것 등이다.

공작의 실수

다만 한 가지 발렌티노 공작에 대해 비난할 일은 율리우스 2세를 교황으로 선출한 것인데, 그것은 정말 잘못된 선택이었다. 앞에서 이미 말한 것처럼, 그는 비록 자기가 원하는 인물을 교황으로 선출할 수는 없다 해도 자신이 반대하는 인물이 선출되는 것을 막을 수는 있었다. 따라서 그는 자신이 피해를 입힌 적이 있거나, 교황이 되었을 때 자신을 두려워할 이유가 있는 추기경이 선출되는 데 결코 동의하지 말았어야 한다. 왜냐하면 인간이란 두려움이나 증오로 인해 타인에게 해를 끼치기 때문이다.

추기경 가운데 공작으로 인해 피해를 입은 인물은 산 피에로 애드 빈쿨라, 콜론나, 산 조르지오, 그리고 아스카니오 등이다. 루앙의 추기경과 에스파냐 출신의 추기경을 제외한 사람들은 모두 교황이 되면 그를 두려워할 이유를 가졌다. 전자는 프랑스 왕국의 지지를 받고 있었고, 후자는 공작에게 은혜를 입은 적이 있어 우호적인 관계를 맺고 있었기 때문이다. 따라서 공작은 누구보다 에스파냐 출신의 누군가를 교황으로 만들었어야 했으며, 그 일에 실패할 경우에는 산 피에로 애드 빈쿨라가 아니라 루앙의 추기경이 선출되는 데 동의했어야 한다.

새로운 은혜를 베푸는 일로 옛 원한을 잊게 만들 수 있다고 믿는 것은 자기기만에 빠지는 일이다. 그러므로 공작은 이 선거에서 결정적인 실수를 저질렀으며, 그로 인해 파멸을 자초하고 말았다.

제8장

사악한 방법으로 군주가 된 사람들

사악한 군주

일개 시민에서 군주가 되는 데는 두 가지 방법이 더 있는데, 그것들은 전적으로 능력이나 운에 의한 것이라 볼 수 없으므로 논의를 생략하고 싶지 않다. 그중 한 가지는 공화국을 논할 때 보다 상세히 검토하기로 하겠지만.

이 두 가지 방법이란, 일개 시민이 부정하고 사악한 수단을 동원하여 군주의 자리에 오르는 것과 동료 시민들의 호의에 의해 통치자가 되는 경우다.

첫번째 방법을 논의함에 있어 두 가지 실례를 들어 설명하고자 한다. 하나는 고대의 것이고 다른 하나는 현재의 것인데, 이런 방식을 본받으려고 하는 사람에게는 두 가지 예만으로도 충분하다고 생각하므로 그 장점에 대해 직접 논하지는 않겠다.

아가토클레스의 성공

시칠리아의 아가토클레스는 평민 중에서도 가장 미천한 계급 출신이었으나 시라쿠사의 왕이 되었다. 그는 도공(陶工)의 아들로 태어나 평생 방탕한 생활을 했다. 그러나 그의 악행은 정신과 육체의 활기와 연결되었기 때문에, 군대에 들어가 시라쿠사의 사령관이 되었다.

사령관으로서의 지위를 확고히 한 그는, 다른 사람의 도움 없이 권력을 손에 넣어 군주가 되기로 결심했다. 그런 목적을 이루기 위해 당시 시칠리아에서 전투 중이던 카르타고군의 하밀카르와 음모를 꾸몄다. 어느 날 아침, 그는 국정에 관한 중요한 논의가 있는 것처럼 가장하여 시라쿠사의 시민과 원로들을 소집했다. 그리고 미리 약속된 신호에 따라 병사들로 하여금 그들을 모두 죽이게 했다. 이런 일이 있은 후 그는 시민들의 저항 없이 도시를 장악하고 통치권을 행사했다.

나중에는 비록 카르타고군에게 두 번씩이나 패했고, 마침내 포위 공격까지 당하는 지경에 이르렀지만, 그는 도시를 잘 방위했을 뿐만 아니라 군대의 일부를 남겨 포위 공격에 대항하게 하고 나머지 병력을 이끌고 아프리카 본토를 공격했다. 그리하여 단숨에 시라쿠사를 구하고 카르타고군을 궁지에 몰아넣었다. 카르타고인들은 그와 화해할 수밖에 없었으며, 결국 시칠리아를 포기하고 아프리카를 차지하는 것으로 만족해야 했다.

아가토클레스의 행적과 생애를 검토해 보면, 그의 성공에 운으로 돌릴 만한 것이 거의 또는 전혀 없다는 것을 알 수 있을 것이다. 앞에서 말한 것처럼 그는 누구의 호의에 의해서가 아니라 스스로의 힘으로 수많은 어려움과 위험을 헤치고 군주가 되었으며, 그런 다음에도 대담하고 위험이 따르는 행동을 통해 그 자리를 유지했다.

그러나 동료 시민을 죽이고, 친구들을 배반하고, 신의는 물론 동정심도 신앙심도 없는 것을 '덕'이라고 할 수는 없다. 그런 수단으로 권력을 얻을 수는 있겠지만 영광을 얻지는 못한다.

그러나 아가토클레스가 난관과 위험을 헤치며 보여준 용기와, 고난을 견디고 극복하면서 발휘한 굳건한 정신력은 어떤 위대한 장군과 비교해도 결코 뒤지지 않는다. 그럼에도 불구하고 잔인하고 비인간적인 면모, 헤아릴 수 없이 저지른 사악한 행위 등은 그를 위인의 대열에 넣는 것을 허용하지 않는다. 그러므로 그가 성취한 것은 운이나 능력에 의한 것이 아니다.

올리베로토의 배신

현재의 예로는 알렉산데르 6세가 교황으로 있을 때 아버지를 일찍 여의고 어려서부터 외숙부인 조반니 폴리아니의 손에서 자란 페르모의 올리베로토[1]를 들 수 있다.

청년 시절 그는 군대에 들어가 파올로 비텔리 휘하에서 훈련을 받았으며, 때가 되면 군인으로서 출세할 수 있을 것으로 생각했다. 파올로가 죽자 그는 그 동생인 비텔로초 휘하로 들어갔는데, 뛰어나게 영리한데다가 강건한 심신

---

[1] 올리베로토와 연관된 극적인 사건이 일어난 것은 외삼촌 조반니 폴리아니 밑에 있을 때가 아니라 그 후인 1502년 12월이다.

제8장 사악한 방법으로 군주가 된 사람들 _ 63

을 지녔으므로 짧은 기간 안에 그 부대의 지휘관이 되었다. 그러나 다른 사람 밑에 있는 것을 굴욕스럽게 생각한 그는 비텔로초의 지원과, 조국의 자유보다 노예 상태를 더 좋아하는 페르모의 일부 시민들의 도움을 얻어 페르모 시를 점령하기로 결심했다.

그래서 그는 외숙부 조반니 폴리아니에게 편지를 보내, 오랫동안 고향을 떠나 있었으므로 돌아가 외숙부도 보고 자신의 유산도 확인하고 싶다고 했다. 또한 그 동안 자신이 노력한 것은 오직 명예를 얻어 고향의 시민들에게 헛되이 세월을 보내지 않았다는 것을 알려주기 위해서이기 때문에, 그에 어울리는 명예로운 방식으로 자신의 친구들과 부하들 중에서 선발한 100명의 기사를 이끌고 당당하게 돌아가고 싶다고 했다. 그리고 페르모의 시민들이 자신을 적절한 예를 갖추어 환영하도록 주선해 줄 것을 간청했다. 이는 그 자신뿐만 아니라 자기를 길러준 외숙부에게도 영광스러운 일이 될 것이라고 덧붙였다.

조반니는 조카를 맞는 데 모든 정성을 다 기울였다. 그리고 페르모 시민들에게도 정중하게 환영하게 한 다음 조카 일행을 자기 저택에 묵게 했다.

페르모에서 며칠을 보내며 올리베로토는 비밀리에 자신의 계략을 실행에 옮기기 위한 만반의 준비를 했다. 이윽고 준비가 끝나자, 그는 공식 연회를 베풀어 그의 외숙부 조반니 폴리아니와 페르모의 저명 인사들을 모두 초대했다.[2] 만찬과 연회에 어울리는 여흥도 끝나자, 올리베로토는 짐짓 심각한 문제로 화제를 돌리며 교황 알렉산데르 6세와 그 아들 체사레의 위대함과 그들의 업적에 대해 이야기했다. 조반니와 몇몇 사람들이 그에 대해 반응을 보이자

---

2 1501년의 크리스마스 다음날인 12월 26일.

그는 별안간 자리에서 일어나, 이런 문제는 좀더 은밀한 곳에서 토론해야 한다고 말하면서 다른 방으로 옮기자고 했다. 그리고 그가 별실로 들어가자, 외숙부 조반니와 다른 사람들도 그를 따라갔다. 그들이 별실에 들어가 자리에 앉자마자 숨어 있던 병사들이 뛰어나와 조반니를 비롯한 사람들을 모조리 죽여 버렸다.

그런 일이 있은 후, 올리베로토는 말을 타고 도심지를 돌아다니며 시를 장악하고 주요 관리들의 저택을 포위했다. 모든 사람들은 공포에 질려 그에게 복종하고, 그를 수반으로 하는 새 정부를 받아들일 수밖에 없었다.

불만을 품고 자신에게 해를 가할 만한 세력을 모두 제거한 다음, 그는 새로운 민정과 군사에 관한 법령으로 권력을 강화했다. 이렇게 하여 권력을 잡은 지 1년 만에 그는 페르모 시에 확고한 기반을 구축했을 뿐만 아니라, 모든 이웃 나라들이 두려워하는 존재가 되었다.

앞에서 말한 바와 같이 오르시니와 비텔리의 지도자들이 세니갈리아에서 체사레 보르자에게 사로잡혔을 때, 올리베로토 역시 보르자의 속임수에 빠지지 않았더라면, 그를 파멸시키는 것은 아가토클레스를 파멸시키는 일만큼이나 어려웠을 것이다. 그는 외숙부를 죽인 후 1년 만에 세니갈리아에서 재능이든 사악함이든 그의 스승이라 할 만한 비텔로초와 함께 교살되었다.

가혹한 행위는 단번에, 은혜는 길게 천천히

아가토클레스나 그와 유사한 사람들이 배신과 잔인한 행동을 무수히 저질렀으면서도, 어떻게 나라를 그토록 오랫동안 안정적으로 다스리고 또 외부의 적들을 막아내며 시민들의 음모에도 걸려들지 않았을까? 다른 많은 지배자들의 경우, 그 잔인한 행위로 인해 불안정한 전시에는 말할 것도 없고 평화시에도 그 자리를 유지하는 데 실패하지 않았던가.

나는 그런 차이가 그 잔인한 수단을 제대로 사용했는지 혹은 잘못 사용했는지에 따른 것이라고 생각한다. 잔인한 수단들이 제대로 사용되었을 경우(사악한 행위에 대해서도 '제대로' 라고 말하는 것이 허용된다면), 그것은 단번에 전격적으로 실행되어 그 권력 유지에 유용한 역할을 하고 그 후에는 자신의 신민들에게 이익이 되는 수단으로 변화시킬 수 있을 것이다. 잔인한 수단이 잘못 사용된 경우는, 처음에는 빈도가 적지만 시간이 지남에 따라 줄어들지 않고 오히려 늘어나는 것을 말한다.

첫번째 방법을 따르는 군주들은 아가토클레스의 경우처럼 신과 인간의 도움을 받아 자신의 위상을 높일 수 있다. 그러나 두 번째 방법을 따르는 군주들은 그 권력을 유지할 수 없다.

그러므로 한 국가를 손에 넣은 정복자는 실행할 필요가 있는 모든 가해 행위를 날마다 되풀이하지 말고 단번에 마쳐야 한다는 점을 명심해야 한다. 가해 행위가 중지되면 민심이 안정될 것이고, 그러면 은혜를 베풀어 민심을 자기 편으로 끌어들일 수 있을 것이다. 소심하거나 아니면 잘못된 판단력 때문에 이런 방법을 따르지 않는 사람은 늘 손에 칼을 들고 있어야 한다. 그는 결국 그 신민들을 믿을 수 없게 된다. 군주로부터의 지속적인 가해 행위로 인해 신민들이 결코 그에게 신뢰감을 가지지 못하기 때문이다. 따라서 가해 행위는 단번에 전격적으로 저질러야 한다. 그래야 사람들의 반감도 그만큼 적어진다.

그 반면, 은혜는 아주 조금씩 천천히 베풀어야 그 맛을 충분히 느낄 수 있다.

현명한 군주라면 좋은 일이든 나쁜 일이든 그 계획을 바꾸는 일이 없도록 무엇보다 백성들과 함께 살아야 한다. 만일 뜻밖의 상황으로 인해 그 통치 방법을 바꾸어야 할 경우 필요한 조치를 취할 시간적 여유가 없을 것이기 때문이다. 그런 상황에서 백성들에게 은혜를 베푼다 해도 그것은 소용없는 것이 된다. 백성들은 군주가 마지못해 은혜를 베푸는 것으로 간주하고, 따라서 그에 대해 어떤 호감도 갖지 않을 것이기 때문이다.

제9장 시민형 군주국

민중의 호의와 귀족의 지지에 의한 군주

이제 일개 시민이 군주가 되는 두 번째 경우, 즉 사악한 방법이나 용납할 수 없는 폭력이 아니라 동료 시민들의 호의에 의해 군주가 되는 경우에 대해 논의하기로 하자.

이런 유형을 시민형 군주국이라고 할 수 있다. 이런 군주국을 손에 넣기 위해서는 반드시 능력이나 행운이 필요한 것은 아니며, 오히려 운을 잘 이용하는 영리함이 필요하다.

이런 유형의 군주국에서 지배자가 되는 데는 백성들의 호의에 의한 방법과 귀족들의 지지에 의한 방법이 있다. 모든 도시에는 이런 두 가지 서로 다른 계급이 있기 때문이다. 그로 인해 백성들은 귀족들에 의한 지배와 억압을 원하지 않고, 귀족들은 백성들을 억압하고 지배하려고 하는 상황이 일어난다. 그 상반되는 두 가지 성향으로 인해 군주정, 공화정, 그리고 무정부 상태의 세 가지 중 어느 한 가지가 반드시 생겨난다.

군주정의 경우

군주정은 백성들이나 귀족들 중 어느 한쪽이 다른 쪽을 누르고 기회를 잡게 됨에 따라 성립된다. 귀족들은 백성들의 힘을 감당하기 어려워지면, 자신들 가운데 한 사람을 지원하고 추대하여 그를 군주로 삼은 다음 그의 보호 아래에서 자신들의 욕망을 충족시키려 한다. 그와 마찬가지로 백성들 역시 귀족들에게 대항할 수 없다는 것을 알게 되면, 자신들 가운데 한 명을 지원하고 추대하여 그를 통치자로 만든 다음 그의 권위에 의해 보호를 받는다.

귀족들의 지지에 의해 군주가 된 자는 백성들의 지지로 군주가 된 자보다 그 권력을 유지하는 데 훨씬 큰 어려움을 겪게 된다. 왜냐하면 군주와 대등하다고 생각하는 사람들에게 둘러싸여 있으므로, 자기 뜻대로 지배하거나 통치할 수 없기 때문이다. 그러나 백성들의 지지에 의해 군주가 된 사람은 그런 면에서 자유롭다. 즉 그 주변에는 복종하지 않으려는 사람이 전혀 없거나, 있다 해도 매우 적다.

더욱이 군주가 다른 사람들에게 피해를 주는 일 없는 명예로운 처신만으로는 귀족들을 만족시킬 수 없으나, 같은 방법으로 백성들을 만족시킬 수는 있다. 백성들의 요구는 귀족들에 비하면 훨씬 소박하기 때문이다. 다시 말하면 귀족들은 억압하려는 반면 백성들은 억압받지 않기를 원하기 때문이다.

게다가 백성들은 그 숫자가 많으므로 그들을 적으로 삼는 군주는 그 지위를 지킬 수 없지만, 귀족들은 소수이므로 그들을 적으로 삼더라도 그 지위를 지키는 데 어려움이 없다.

백성들이 적대적일 때 군주에게 일어날 수 있는 최악의 사태는 그들로부터 버림을 받는 것이다. 그러나 귀족들이 적대적일 때는 단순히 버림받는 데 그치지 않고 그들이 힘을 합해 대항할 수 있다는 사실을 명심해야 한다. 귀족들은 교활한데다가 멀리 내다볼 수 있기 때문에 항상 승리할 것으로 생각되는 편에 붙어 자신들을 보호하려 하기 때문이다.

또한 군주는 언제나 같은 백성들과 함께 살아야 하지만 같은 귀족들과 함께 살 필요는 없다. 군주는 자신이 원하는 바에 따라 귀족을 만들거나 없앨 수 있고, 또 그들에게 특권을 주거나 빼앗을 수도 있기 때문이다.

귀족을 다루는 방법

이런 점을 보다 명확히 하기 위해 귀족들에 관해 다음 두 가지 사항을 염두에 둘 필요가 있다. 즉 귀족들은 전적으로 군주의 운명에 그들 자신의 운명을 결부시켜 처신하거나 아니면 그와 정반대로 행동한다는 것이다. 전자의 부류 중 탐욕을 부리지 않는 자는 존중하고 예우해 주어야 한다. 후자의 부류는 다음 두 가지 유형으로 분석해 볼 수 있다. 만약 소심하거나 용기가 부족해서 그렇게 행동하는 경우, 군주는 그들을 잘 활용해야 한다. 그들 가운데서도 영리한 자에 대해서는 특히 그러하다. 왜냐하면 그들은 번영할 때에는 군주에게 명예를 더해 주고, 역경에 처해 있더라도 두려워할 만한 존재가 아니기 때문이다.

그러나 고의로, 또는 야심을 품고 군주에게 충성을 표하지 않는 것이라면, 그것은 그들이 군주보다 자신들의 이익을 더 중요하게 생각한다는 증표다. 다라서 군주는 이런 사람들에 대해 주의하고, 마치 공인된 적처럼 두렵게 여겨야 한다. 그들은 군주가 역경에 처하면 언제라도 등을 돌리고 그를 파멸시키기 위해 애쓸 것이기 때문이다.

모든 군주는 백성들의 지지가 필요하다

백성들의 지지로 군주가 된 사람은 그들과 우호적인 관계를 유지해야 한다. 백성들이란 단지 억압당하지 않는 것을 원하므로, 그런 일은 별로 어렵지 않다. 그러나 귀족들의 지지에 의해 백성들의 반대에도 불구하고 군주가 된 사람은, 무엇보다 먼저 백성들의 환심을 사도록 노력해야 한다. 이는 군주가 백성들을 그의 보호하에 두기만 하면 쉬운 일이다. 사람이란 해를 끼칠 것으로 예상했던 사람으로부터 우대를 받으면 그에게 더 큰 고마움을 느끼게 마련이다. 따라서 백성들은 자신들의 지지로 군주가 된 사람보다 그에게 더 많은 호감을 가질 것이다.

군주가 백성들의 마음을 얻는 방법은 많이 있는데, 그것은 상황에 따라 달라지므로 여기서 어떤 원칙을 제시할 수는 없다. 따라서 더 이상의 논의는 생략하겠다. 다만 결론적으로 말하자면, 군주는 백성들과 좋은 관계를 유지하는 것이 중요하다. 그렇지 않으면 역경에 처했을 때 어떤 도움도 받을 수가 없다.

백성을 권력의 기초로 삼은 군주

스파르타의 군주였던 나비스는 그리스의 모든 세력에 대한 승리로 의기양양해진 로마군의 공격을 잘 막아내 국가는 물론 자신의 권력을 지켰다.[1] 위기가 닥쳤을 때, 그는 단지 소수의 적대적인 신하들의 위협을 제거하는 것으로 그것을 극복했다. 그러나 만약 대다수의 백성들이 그에게 적대적이었다면, 그런 조치만으로 위기를 극복할 수는 없었을 것이다.

이런 나의 견해에 대해 '백성들을 권력의 기초로 삼은 자는 진흙을 밟고 서 있는 것과 같다'는 진부한 격언을 인용해 반론을 제기해서는 안 된다. 이 격언은 백성의 지지를 얻어 권력을 잡은 일개 시민이 적이나 관리들에 의해 궁지에 몰렸을 때 백성들이 자신을 구원해 줄 것이라 생각할 경우에 적용된다. 그런 경우, 즉 로마의 그라쿠스 형제나 피렌체의 조르지오 스칼리가 그랬던 것처럼 종종 자신이 백성들에게 기만당했음을 깨닫게 될 것이다.

그러나 백성들을 지지 기반으로 하여 권력을 잡은 군주가 그들을 잘 다스리고, 역경에 처해서도 당황하지 않고, 용기와 기백으로 백성들의 사기를 북돋울 수 있다면, 그는 결코 백성들로부터 기만당하지 않을 것이며, 자신의 권력이 튼튼한 터전 위에 서 있음을 알게 될 것이다.

---

[1] 나비스는 마케도니아의 필리포스 5세와 동맹을 맺고 함께 펠로폰네소스 지방을 공략했다.

관료들이 통치하는 국가의 위험성

시민형 군주국은 보통 절대적인 체제로 바꾸려 할 때 큰 어려움에 부닥치게 된다. 시민형 군주는 자신이 직접 통치하거나 관료를 통해서 지배하기 때문이다. 후자의 경우, 군주의 지위는 보다 약해지고 한층 위태로워진다. 군주의 지위는 자신이 관료로 임명한 시민들의 힘에 전적으로 좌우되기 때문이다. 특히 위기에 처하게 되면 그런 관료들은 반란을 일으키거나 군주에 대한 복종을 거부함으로써 쉽게 그를 권좌에서 몰아낼 수 있을 것이다.

그와 같이 위급한 상황이 닥치면 군주는 절대적 권력을 행사할 만한 충분한 시간이 없다. 평소 관료들의 명령을 듣는 데 익숙해진 시민들과 영지의 주민들이 위기를 당해 군주에게 복종하려 하지 않을 것이기 때문이다. 따라서 그런 위기에 군주가 의지할 수 있는 사람은 언제나 극소수다.

이런 군주는 평화로울 때, 즉 시민들이 국가의 필요성을 느끼고 있던 시기에 본 것에 의지해서는 안 된다. 죽음의 위험이 없는 평화시에는 모든 사람이 몰려와 충성을 서약하고, 누구나 군주를 위해 목숨을 바치겠다고 맹세한다. 그러나 막상 위험이 닥쳐 군주가 그런 시민을 진정으로 원할 때, 남아 있는 사람은 거의 찾아볼 수 없다. 그리고 그런 시기에 그들의 충성도를 시험하는 것은 매우 위험하다. 그것은 단 한 번밖에 할 수 없는 일이기 때문이다.

따라서 현명한 군주라면 언제든 또 어떤 상황에 처하든 시민들이 국가와 군주의 필요성을 느낄 수 있는 수단을 강구해 두어야 한다. 그렇게 되면 시민들은 항상 군주에게 충성을 바칠 것이다.

군주국의 국력 평가에 대하여 제10장

군주가 갖추어야 할 자위력

군주국의 특성을 분석할 때 염두에 두어야 할 사실이 또 한 가지 있다. 즉 군주가 필요할 때 자신을 지킬 수 있을 만큼 강한 힘을 갖고 있는가, 아니면 언제나 다른 사람의 도움을 받아야 하는가 하는 점이다.

이 사실을 보다 명확하게 설명하자면, 자신의 국가를 공격하는 어떤 침략자도 물리칠 수 있는 군대를 가지고 있을 때(충분한 병력과 함께 많은 자금을 가지고 있으므로)[1] 자신의 국가를 방어하기에 충분한 군주라 할 수 있다. 그러나 적에 맞서 싸울 능력이 없어 성 안으로 피신하여 방어해야 하는 군주라면, 언제나 다른 세력의 도움이 필요하다 할 수 있다.

첫번째 유형에 대해서는 이미 논했으나, 필요하면 나중에 좀더 상세하게 논하도록 하겠다. 두 번째 유형의 경우에는, 그런 군주는 성 밖의 영지에 대해서는 신경쓰지 말고 그 도시를 요새화하고 식량을 충분히 비축해 두라는 것 외에는 별로 할 말이 없다. 그러면 외부세력은 그의 도시를 제대로 요새화하고,

---

[1] 용병을 돈으로 사는 것을 말한다.

앞에서 상세하게 설명한 바 있을 뿐 아니라 이후로도 자주 언급하게 될 방법으로 그 신민들을 잘 다스리는 군주는 쉽게 공격당하지 않는다. 왜냐하면 사람들은 위험이 예상되는 공격에 대해서는 망설이게 되며, 그 도시가 제대로 요새화되어 있고, 또 백성들로부터 미움을 받지 않는 군주를 공격하는 일은 결코 쉬운 일이 아니라는 것을 알기 때문이다.

독일 자유도시의 경우

독일의 도시들은 완전히 독립적이고, 주변 지역에는 영지가 거의 없으며, 자신들의 필요에 따라 황제에게 복종한다. 그러나 그들은 황제나 이웃의 다른 어떤 유력한 군주도 두려워하지 않는다. 그 이유는 도시가 제대로 요새화되어 있어 누구나 그곳을 점령하는 것은 매우 지루하고 힘든 일이라고 생각하기 때문이다. 그 도시들은 모두 방어용 해자(垓字)와 견고한 성벽으로 둘러싸여 있고, 화포도 충분히 갖추어져 있으며, 창고에는 1년 정도는 버틸 만한 식량과 식수, 그리고 연료가 항상 비축되어 있다.

그리고 무엇보다 시민들이 공적 자금을 쓰지 않고 생활할 수 있도록 하기 위해 그들이 1년 동안 일거리에 종사하는 데 필요한 원자재를 넉넉히 보유하고 있다. 그것은 곧 도시와 산업을 유지하는 필수 요소가 되며, 그것으로 일반 백성이 생계를 유지한다. 더 나아가 그들은 군사 훈련을 대단히 중요시하고, 그것을 유지하기 위해 많은 규정을 두었다.

강력한 군사력과 백성들의 지지

그러므로 견고한 도시를 가지고 있으면서 백성들의 지지를 잃지 않는 군주는 공격받지 않으며, 설령 공격을 당할지라도 그의 적들은 수치스러운 후퇴를 해야 할 것이다. 세상사는 너무나 변하기 쉬워, 그 군대로 하여금 1년 내내 하는 일 없이 성을 포위하게 하는 일은 거의 불가능하기 때문이다.

만일 시민들이 성 밖에 있는 자신들의 재산이 파괴되는 것을 보면 인내심을 잃게 될 것이며, 또 장기간의 포위에서 오는 어려움과 이기심[2]으로 인해 군주에 대한 충성심이 약해질 것이라고 반박할 수도 있다. 그에 대해 나는, 강하고 용기 있는 군주는 그의 신민들에게 한편으로는 고난이 오래 지속되지 않을 것이라는 희망을 가지게 하고, 다른 한편으로는 적의 잔인성에 대해 경각심을 불러일으키며 시끄럽게 떠들어대는 자들을 솜씨 있게 처리하는 방식으로 그런 어려움을 극복할 수 있다고 대답하겠다.

그 밖에 또 적군은 당연히 그곳에 도착하자마자 성 외곽지역을 불태우거나 파괴할 테지만, 그때는 아직 시민들의 사기도 높고 성을 지키겠다는 결의도 확고할 것이다. 따라서 며칠이 지나면 시민들의 흥분은 어느 정도 진정될 것이며, 피해는 이미 발생했고 희생을 겪은 후라서 그 문제를 해결할 어떤 방법도 없다는 것을 알기 때문에, 군주는 그들을 두려워할 이유가 적어지게 된다. 시민들은 군주를 지키기 위해 자신들의 집이 불타고 재산을 약탈당했으니 군주는 자신들에게 빚지고 있는 것이라 생각하여, 그를 중심으로 더욱더 뭉치게

---

2 자신의 재산에 대한 애착을 말한다.

된다. 받은 은혜는 물론 베푼 은혜에 의해서도 유대가 강화되는 것이 인간의 본성이기 때문이다.

  이런 모든 점을 생각해 볼 때, 현명한 군주는 어떤 형태의 포위공격을 당하든 필요한 식량과 방어를 위한 수단만 갖추어져 있다면, 처음부터 끝까지 시민들의 사기를 유지하는 것이 결코 힘든 일은 아닐 것이다.

교회형 군주국 제11장

신의 뜻에 의해 유지되는 교회형 군주국

이제 교회형 군주국에 대해 논하는 것만 남아 있다. 이런 형태의 군주국의 경우, 모든 문제는 국가를 얻기 전에 일어난다. 왜냐하면 교회형 군주국은 능력이나 행운에 의해 얻을 수 있는데, 이를 유지하는 데는 이 두 가지 다 필요없다. 이런 국가들은 예로부터의 종교적 제도들에 의해 지탱되며, 그 제도들은 군주가 어떻게 통치하고 처신하든 그 권위가 유지될 만큼 충분히 강력하기 때문이다.

군주는 영토를 가지고 있지만 방위할 필요가 없고, 백성들이 있지만 통치할 필요가 없다. 영토는 방위하지 않아도 빼앗기는 일이 없으며, 백성들은 통치되지 않고 있다는 데 별로 신경을 쓰지 않는다. 그들은 군주를 몰아낼 생각도 하지 않으며 또 그렇게 할 힘도 없다. 따라서 이런 군주국들이야말로 가장 안전하고 바람직하다고 할 수 있다.

그러나 이런 국가들은 인간의 지혜가 도달할 수 없는 초월적인 섭리에 의해 다스려지기 때문에 더 이상 논하는 것을 삼가겠다. 신에 의해 이루어지고 유지되는 국가에 대해 논한다는 것은 오만하고 지각없는 처사가 될 것이다.

그럼에도 불구하고 교황 알렉산데르 6세 이전의 이탈리아 권력자들은(실질적인 권한을 가진 군주들은 물론 보잘것없는 영주나 하급 귀족들에 이르기까지) 교회의 세속적인 권한을 대수롭지 않게 생각했는데, 어떻게 오늘날은 교회의 세속적 권력이 프랑스 왕을 그 앞에서 두려워 떨게 할 만큼 강해졌는가에 대해 궁금해할 사람들이 있을 것이다. 교회 권력은 프랑스 왕을 이탈리아에서 몰아냈으며, 베네치아인도 몰락시켰다. 물론 이 사건은 널리 알려진 것이지만, 그에 대해 기억을 환기시키는 일이 무의미하진 않다고 생각한다.

교황 알렉산데르 6세

프랑스 왕 샤를이 침입하기 전의 이탈리아는 교황과 베네치아, 나폴리, 밀라노, 그리고 피렌체가 지배하고 있었다. 각 세력의 지배자들에게는 두 가지 중대한 관심사가 있었다. 그 한 가지는 외세가 이탈리아에 침입하는 것을 허용해서는 안 된다는 것이고, 다른 한 가지는 자신들 중 어느 누구든 더 많은 영토를 차지해서는 안 된다는 것이었다.

특히 경계의 대상이 된 세력은 교황과 베네치아 공화국이었다. 베네치아를 견제하기 위해 다른 세력들은 페라라의 방어를 위해 그랬던 것처럼 동맹을 맺었다.[1]

---

[1] 1482년 베네치아와 페라라의 에르콜레 1세 사이에 전쟁이 일어났을 때, 밀라노와 피렌체는 에르콜레 1세를 지원했다. 베네치아가 강력해지는 것을 염려한 교황도 피렌체와 손잡고 베네치아에 대해 페라라 점령을 중단하라고 경고했다.

그리고 교황을 견제하기 위해서는 로마의 귀족들을 적절히 활용했다. 로마의 귀족들은 오르시니와 콜론나 양파로 나뉘어 언제나 서로 반목하고 대립했지만, 무기를 든 채 그 앞에 서 있을 정도로 교황의 권위를 약화시키고 불안정하게 만들었다.

때로 식스투스처럼 뛰어난 교황이 등장하기도 했지만, 그의 능력이나 행운으로도 이런 난관을 극복할 수는 없었다. 교황의 재위 기간이 짧은 것도 그 원인이다. 교황들의 재위 기간은 평균 10년 정도였는데, 그 동안 어떤 세력을 제거하기란 대단히 힘든 일이었던 것이다.

예를 들어 어느 교황이 콜론나파를 제거하는 데 거의 성공했다 해도, 그 다음에는 오르시니파에 적대적인 교황이 즉위하여 콜론나파가 되살아나게 되고, 그 역시 오르시니파를 제거할 만한 여유를 갖지 못한다. 그 결과, 이탈리아에서는 교황의 세속적인 권력이 거의 무시되는 사태가 빚어졌다.

그런데 알렉산데르 6세가 나타나, 역대 어느 교황보다 뛰어나게 재물과 군사력으로 얼마나 많은 것을 성취할 수 있는지 보여주었다. 그는 발렌티노 공작을 앞세우고 프랑스의 침략을 핑계삼아, 앞에서 공작의 행적을 논할 때 살펴본 바대로 모든 것을 성취했다. 비록 그의 목적은 교회의 권력이 아니라 공작의 세력을 확장하는 것이었으나, 그가 죽고 공작도 몰락한 뒤 그 노력의 결과를 계승한 교회가 권력을 강화시키게 되었다.

교회를 강화시킨 율리우스 2세

그후 교황 율리우스 2세가 나타났는데, 그 무렵 교회는 로마냐의 모든 지역을 장악하고, 로마 귀족들의 세력을 무력화시켰으며, 그 파벌들은 이미 교황 알렉산데르 6세의 조치에 의해 몰락했기 때문에 그는 이미 강력해진 교회형 군주국을 물려받았다.

또한 율리우스 2세는 알렉산데르 6세나 그 이전의 교황들에게는 없었던 축재 수단을 가지게 되었다. 그는 그런 이점을 이용했을 뿐 아니라 더욱 확대시켜 나갔다. 그는 볼로냐를 점령하고, 베네치아를 멸망시키고 프랑스군을 이탈리아에서 추방할 계획을 세웠다.

그의 이런 모든 계획은 성공을 거두었으며, 그는 특정한 개인이 아니라[2] 교회의 세력을 확장시키기 위해 이 모든 일을 성취했으므로 특히 칭찬받을 만하다.

더욱이 그는 오르시니파와 콜론나파를 줄곧 무력한 상태로 묶어두는 데 성공했다. 비록 그들 중 몇몇이 반란을 꾀하기도 했으나, 두 가지 요인이 그것을 막았다. 그 첫째는 교회의 세력이 매우 강력해서 그들을 압도했던 것이고, 둘째는 파벌 내 모든 분쟁의 원인이 되는 추기경들이 없었다는 사실이다. 추기경들은 로마 내에서나 밖에서 늘 분쟁을 조장했고, 귀족들은 자신들이 속한 파벌을 지지하지 않을 수 없었기 때문이다. 이와 같이 고위 성직자들의 야심이야말로 귀족들 간의 모든 분쟁과 알력의 근원이었다.

---

[2] 바로 이 점에서 그는 알렉산데르나 6세 그 밖의 다른 교황과 비교된다.

그런 이유들로 인해, 교황 레오 10세 성하(聖下)는 결국 지금처럼 매우 강력한 교황권을 가질 수 있게 되었다. 전임 교황들이 무력에 의해 교회를 강대하게 만들었듯이, 레오 10세는 그 인자함과 무한한 미덕으로 교회를 더욱 강대하고 존경받을 수 있게 만들기를 바란다.

다양한 군대의 종류와 용병　제12장

법률과 군대는 국가의 기초

지금까지는 첫머리에서 언급한 군주국가의 모든 다양한 성격에 대해 상세히 논했고, 그런 국가들의 번영과 쇠퇴의 원인에 대해서도 어느 정도 살펴보았다. 그리고 군주국을 획득하고 유지하기 위해 많은 사람들이 활용해 온 방법에 대해서도 검토했다. 이제 남은 것은 그 군주국들이 공격하거나 방어할 때 적용할 수 있는 일반적인 방법에 관해 설명하는 일이다.

앞에서 나는 군주가 권력의 기초를 튼튼히 쌓아야 한다는 것을 역설했다. 권력의 기초가 튼튼하지 못한 군주는 필연적으로 몰락하고 말 것이다. 오래된 군주국이든 새로운 군주국이든 복합국가든 모든 국가의 중요한 기초는 훌륭한 법률과 훌륭한 군대다. 훌륭한 군대 없이 훌륭한 법률을 가지기란 불가능하고,[1] 훌륭한 군대가 있는 곳에는 항상 훌륭한 법률이 있게 마련이므로, 법률의 문제는 제쳐놓고 군대에 대해서만 이야기하겠다.

---

[1] 군대가 국가를 잘 지키지 않으면, 그 내부 질서 역시 유지될 수 없기 때문이다.

용병의 폐해

군주가 국가를 방어하는 데 사용하는 병력은 군주 자신의 군대이거나, 용병 혹은 외국의 지원부대거나, 또는 이 세 가지가 뒤섞인 혼성군이라고 하겠다. 용병이나 외국 지원부대는 아무 쓸모없고 위험하다. 용병을 이용하여 그 영토를 지키는 군주는 결코 강하지도 안전하지도 못하다. 왜냐하면 용병이란 분열되어 있고 야심을 품고 있으며 기강이 잡혀 있지 않고 충성스럽지 못하기 때문이다. 자기들끼리 있을 때는 용감하나 강한 적을 만나면 비겁하고 신을 두려워하지 않으며 사람에 대한 신의가 없다.

용병에 의존하는 군주의 파멸은 적들의 공격이 지연되고 있는 만큼 지체되고 있는 데 불과하다. 따라서 평화로울 때에는 그들에게 시달리고, 전쟁이 나면 적들에게 시달리게 된다. 왜냐하면 용병들은 군주에 대한 애착이 전혀 없으며, 그 보잘것없는 보수 외에는 군주를 위해 목숨을 바쳐 가며 싸울 이유가 없기 때문이다. 그들은 평화로울 때에는 기꺼이 군주의 병사로 봉사하지만, 정작 전쟁이 벌어지면 도망쳐 버린다. 오늘날 이탈리아의 몰락은 다른 무엇보다 오랜 세월 용병에 의존한 데서 비롯되었기 때문에, 이 사실을 입증하기 위해 애쓸 필요는 없다. 물론 이 용병들은 가끔은 쓸모가 있었고 용맹을 떨치기도 했으나, 외국 군대의 침공이 시작되자 단번에 그 본색을 드러냈다.

그러므로 프랑스의 샤를 왕은 분필 하나로 이탈리아를 점령할 수 있었다. 그 원인에 대해 우리 이탈리아인의 죄악 때문이라고[2] 한 사람이 있었는데, 그

---

[2] 1494년 11월 1일, 사보나롤라는 샤를 8세 앞에서 행한 설교를 통해, 오늘날 시련을 겪는 것은 간음, 고리대금업, 잔인함과 같은 죄악들 때문이라고 말했다.

는 진실을 말한 셈이다. 그러나 문제는 그가 의미한 죄악이 아니라 내가 설명한 죄악이다. 그리고 그것은 군주들의 죄악이었기 때문에 그들 역시 고통을 당해야 했던 것이다.

군주는 자신의 군대를 가져야 한다

이런 종류의 군대가 지니고 있는 결함에 대해 보다 분명하게 설명을 하고자 한다.

용병대장 중에는 능력이 있는 자와 그렇지 못한 자가 있다. 만일 능력이 있는 인물이라면 신뢰해서는 안 된다. 그들은 항상 고용주인 군주를 공격하거나 군주의 뜻과는 달리 다른 사람을 공격함으로써 높은 자리에 오르기를 열망하기 때문이다. 그 반면 무능한 자라면, 군주는 당연히 몰락하게 될 것이다.

누구든, 그가 용병이든 아니든 무력을 자기 마음대로 행사할 수 있는 사람이라면 이런 식으로 행동할 것이라는 이유로 반론을 제기한다면, 무력이란 군주나 공화국에 의해 통제되어야 한다는 점을 들어 반박할 것이다. 전자의 경우, 군주는 친히 전쟁터에 나아가 최고 통수권자로서의 역할을 행해야 한다. 그리고 후자의 경우, 공화국은 그 시민 중에서 지휘관을 뽑아 파견해야 한다. 만약 파견된 자가 무능하다면 소환해야 하며, 반대로 유능하다면 적당한 테두리 속에 법률의 힘으로 묶어두어 월권 행위를 못하게 해야 한다.

경험에 의하면, 자신의 군대를 가진 군주나 공화국은 크게 성공했으나 용병을 사용했을 때는 전혀 성공을 거두지 못하고 오히려 손해를 입었을 뿐이다. 나아가 자신의 군대를 가진 공화국은 외국 군대에 의지하는 국가에 비해 일개 시민이 권력을 탈취하기가 훨씬 더 어려웠다. 로마와 스파르타는 스스로의 힘으로 무력을 갖추어 수세기 동안 자유를 누렸다. 오늘날에는 스위스가 대단히 잘 조직된 군대를 갖춤으로써 완전한 자유를 누리고 있다.

카르타고와 밀라노의 용병

고대의 용병제로서 언급할 가치가 있는 예로는 카르타고를 들 수 있다. 카르타고는 로마와의 제1차 전쟁 후, 용병대장들이 자국민이었음에도 불구하고 용병들에게 공격을 받아 거의 정복될 지경에 이르렀다. 마케도니아의 필리포스는 에파미논다스가 죽은 후 테베인들에 의해 장군이 되었는데, 전쟁에서 승리하자 그들로부터 자유를 빼앗았다.[3] 밀라노인들은 필리포 공작이 사망하자 프란체스코 스포르차를 장군으로 삼아 베네치아에 대항했다. 그는 카라바지오에서 적을 격파했지만, 그들과 연합하여 자신을 고용했던 밀라노를 공격했다. 나폴리의 조안나 여왕에 의해 용병대장으로 고용되었던 스포르차의 아버지 역시 갑자기 여왕의 곁을 떠났으며, 군대를 잃은 여왕은 왕국을 지키기 위해 아라곤 왕[4]에게 도움을 청할 수밖에 없었다.

---

[3] BC 338년 필리포스는 테베를 정복하고 과두정부를 세웠다.
[4] 알폰소 5세.

피렌체의 사례

지난날 베네치아와 피렌체가 용병을 고용하여 영토를 확장한 것은 용병대장들이 권력을 욕심내지 않고 자신들을 고용한 군주들에게 충성스럽게 봉사했기 때문인데, 이 문제에 관한 한 피렌체는 대단히 운이 좋았다고 할 수 있다. 왜냐하면 위협이 될 만한 유능한 용병대장 중 일부는 승리를 거두지 못했고, 다른 일부는 경쟁자가 있었으며, 나머지는 자신의 야망을 다른 곳에서 성취하려 했기 때문이다.

승리를 거두지 못한 장군은 존 호크우드인데, 그런 이유로 그의 충성심도 확인할 수 없었다. 그러나 모두들 만일 그가 승리를 거두었더라면 피렌체는 완전히 그 손에 들어갔을 것이라는 데 의견을 같이한다. 스포르차 가문은 늘 브라체시 가문과 적대적인 관계에 있었으며, 두 가문은 서로 견제했다. 프란체스코는 자신의 야망을 이루기 위해 롬바르디아로 갔으며, 브라치오는 교회와 나폴리 왕국을 마음에 두었다.

좀더 최근에 일어났던 사건을 살펴보자.

피렌체인들은 파올로 비텔리를 용병대장으로 고용했다. 그는 평민 출신이었으나 매우 높은 명성을 얻었던 유능한 인물이다. 만일 그가 피사를 점령했더라면, 피렌체인들은 그를 계속 고용하도록 강요당했을 것이라는 점을 아무도 부인하지 못할 것이다. 왜냐하면 그가 적의 용병대장으로 고용되었더라면, 피렌체인들은 자신들을 방어할 수 없었을 것이기 때문이다. 또한 그를 그 자리에 계속 그대로 두었더라면, 피렌체인들은 그에게 복종해야만 했을 것이다.

베네치아의 사례

베네치아인에 관해 살펴보면, (그들이 이탈리아 내륙에서 전쟁을 하기 전에는) 자국의 군대만으로, 즉 귀족과 평민들이 협력하여 용감히 싸우는 동안은 안전했으며 영광을 누렸다. 그러나 본토에서 전쟁을 하게 되면서부터 이 효과적인 전략을 버리고 이탈리아의 관례에 따랐던 것이다.[5]

처음 그들이 내륙의 영토를 확장해 나갈 당시에는 병합된 영토가 거의 없었지만, 그들 스스로 높은 명성을 지니고 있었으므로 용병대장을 두려워할 만한 까닭이 없었다.

그러나 카르마뇰라의 지휘하에 영토를 확장해 감에 따라 그들은 자신들의 잘못을 깨닫게 되었다. 그의 지휘 아래 밀라노 공작을 격파했으므로 그가 용감하고 유능한 장군임을 알게 된 반면, 그가 마지못해 전쟁을 수행하고 있다는 것을 느꼈던 것이다.

베네치아인들은 그를 고용하는 한 (그가 이기는 것을 원치 않았기 때문에) 앞으로의 승리는 있을 수 없다고 판단했지만, 그 동안 차지한 것을 잃을까 두려워 그를 해고할 수도 없었다. 따라서 그들은 자신들의 안전을 위해 그를 죽일 수밖에 없었다.[6]

그후 베네치아인들은 바르톨로메오 데 베르가모, 로베르트 다 산 세베리노, 피티글리아노 백작 등을 용병대장으로 기용했으나, 그들의 지휘하에서는 새로운 영토의 점령보다는 이미 가진 영토를 잃는 것을 두려워해야 했다.

| **5** 용병을 사용하는 관례를 가리킨다.
| **6** 카르마뇰라는 1432년 5월 5일 처형되었다.

이런 우려는 그들이 800여 년의 노력 끝에 얻은 것을 단번에[7] 잃어버린 바일라 전투[8]에서 현실로 나타났다. 요컨대 용병을 활용하면 매우 느린 속도로 사소한 이득을 얻을 수 있는 반면, 그 손실은 너무 갑작스러워 깜짝 놀랄 만한 것이다.

이탈리아 용병의 역사

이런 사례들은 과거 오랫동안 용병들에게 지배당해 온 이탈리아에서 끌어온 것이므로, 이 용병제에 대해 좀더 상세히 검토하고자 한다. 용병제의 기원과 발전 과정을 살펴봄으로써 보다 효과적으로 해결책을 얻을 수 있기 때문이다.

그러면 어째서 근래에 이탈리아에서 황제의 지배력이 쇠퇴하고 교황의 세속적 권력이 강해졌는지, 그리고 어째서 이탈리아가 갑자기 수많은 나라로 분열되었는지 알아야 한다. 왜냐하면 지난날 황제의 지원을 받는 귀족들에게 억압당해 온 많은 대도시의 백성들이 반란을 일으켰으며, 교회는 세속적인 권한의 확대를 위해 그런 반란들을 조장했기 때문이다.[9] 또한 다른 많은 도시들에서는 시민들이 지배자가 되었다. 그로 인해 이탈리아는 교회와 몇몇 공화국의 지배를 받게 되었으며, 성직자들과 공화국의 새로운 지배자들은 군대

---

[7] 전투는 단 하루 만에 끝났다.
[8] 1509년 베네치아는 바일라와 아그나델로에서 프랑스군에게 크게 패했다.
[9] 이탈리아의 도시국가는 사실상 로마 교회와 신성 로마 제국 황제와의 항쟁 와중에 생겨났다.

를 조직하거나 지휘해 본 경험이 없었으므로 외국의 군인들을 고용하기 시작했다.

　최초로 용병제의 중요성을 널리 알린 사람은 로마냐 출신의 알베리코 다 쿠니오였다. 그의 영향을 받아 브라치오와 스포르차가 전면에 부상하게 되었다. 그 이후에도 많은 장군들이 나와 오늘날에 이르기까지 용병대를 지휘해 왔다. 그들이 보여준 능력 덕분에 이탈리아는 샤를 왕에게 짓밟히고, 루이 왕에게 약탈당했으며, 페르난도 왕에게 공략당하고, 스위스인들에게 수모를 당했다.[10]

용병들의 특징과 병폐

　용병대장들은 그 군대의 명성을 높이기 위해 보병을 소홀히 하는 방법을 사용했다.[11] 그들에게는 영지가 없으므로 고용되어야 먹고 사는데, 소수의 보병만으로는 그 이름을 떨칠 수 없고 그렇다고 대규모의 병력을 거느릴 수도 없었기 때문이다. 그래서 그들은 일정한 규모만으로도 그 지위를 유지하고 존중받을 수 있는 기병에 의존했다. 그 결과, 2만 명 규모의 군대에서 보병은 불과 2천 명에도 못 미치는 상태가 되었다.

　더 나아가 그들은 자신들과 병사들에게 닥칠 고난과 위험을 줄이는 데 모든 수단을 다 동원했다. 그들은 전투에서 서로를 죽이지 않고 생포했으며, 나중

---

[10] 스위스군은 1500년 노바라, 1512년 라벤나에서 이탈리아군을 크게 무찔렀다.
[11] 마키아벨리는 군대의 핵심은 바로 보병이라고 생각했다.

에 몸값 없이 풀어 주었다. 도시를 포위한 군대도 야간에는 공격하지 않았으며, 도시를 방비하던 군대 또한 포위군에 대한 공격을 삼갔다. 주둔지에서도 방어용 벽이나 참호를 만들지 않았고, 겨울에는 전투를 하지 않았다.

이런 모든 관행들은, 이미 말한 것처럼 고통과 위험을 피하기 위한 군사적 불문율로서 허용되고 채택되었다. 그 결과, 용병을 고용한 이탈리아는 노예 상태로 떨어지고 수모를 겪게 되었다.

원군, 혼성군, 그리고 자국군 제13장

원군을 청하면 몰락의 위험이 있다

원군은 또 다른 형태의 쓸모없는 군대로, 어떤 군주가 외부의 강력한 세력에 구원을 청했을 때 그를 지원하고 방어하기 위해 파견되는 군대다. 최근에 교황 율리우스 2세는 자신의 용병부대가 페라라 전투에서 별다른 성과를 거두지 못하자, 에스파냐의 페르난도 왕에게 자신을 도울 군대를 보내 달라고 청했다. 이런 원군은 그 자체로는 유익하고 쓸모가 있겠지만, 그들을 불러들인 군주에게는 거의 대부분 유해하다. 만일 그들이 패배하면 군주도 함께 몰락하고, 승리하면 그들의 포로가 되기 때문이다.

고대의 역사 속에도 이런 예는 허다하지만, 나는 근래에 있었던 교황 율리우스 2세의 사례에 대해 논하고자 한다. 교황의 결정은 너무 성급한 것이었다. 그는 오직 페라라를 얻기 위해 그 자신을 외국인의 수중에 완전히 내맡겼다.

그러나 운좋게도 그는 그 잘못된 선택의 결과를 감수하지 않아도 되었다. 그가 요청한 원군이 라벤나에서 패주했을 때, 스위스군이 도착하여 그는 물론 다른 모든 사람들의 예상을 뒤엎고 승자[1]를 몰아냈던 것이다. 그 결과 교황은 도망친 적의 포로가 되지 않았을 뿐 아니라, 원군이 승리한 것도 아니고 다른 군대[2]이기 때문에 그들의 손아귀에 들어가지 않았다.

또한 피렌체는 군대가 전혀 없었기 때문에 피사를 차지하기 위해 1만 명의 프랑스군을 고용했으나, 그로 인해 그 동안 겪은 어떤 고난보다 훨씬 더 힘든 고난을 겪어야 했다.

마찬가지로 콘스탄티노플의 황제는 이웃 나라에 대항하기 위해 1만 명의 투르크군을 그리스로 불러들였는데, 전쟁이 끝난 후에도 투르크군은 돌아가려고 하지 않았다. 이를 발단으로 그리스에 대한 이교도의 지배가 시작되었다.[3]

원군과 용병의 차이

정복을 바라지 않는 군주라면 원군을 요청해도 괜찮다. 원군은 용병보다 훨씬 더 위험하므로, 원군을 끌어들이는 것은 파멸을 예약하는 것이다. 원군은 단결되어 있고 타인[4]에게 복종하는 데 길이 들어 있다. 그러나 용병의 경우에는 승리하더라도 고용주인 군주를 해치기까지는 더 많은 시간과 더 좋은 기회를 필요로 한다. 용병은 군주에 의해 고용되고 보수를 받으므로 결속된 모습을 보이지 못한다. 또한 군주에 의해 장군으로 임명된 외부인은 단시간내에 군주를 위협할 만한 권위를 구축할 수 없다. 즉 용병의 경우에는 그 비겁

---

1 프랑스군.
2 스위스군.
3 콘스탄티노플이 함락된 1453년에 그 지배가 완성되었다.
4 원군을 보낸 지배자를 가리킨다.

함과 전투를 기피하는 태도가 위험하고, 원군의 경우에는 그 용맹스러움이 위험하다.

현명한 군주라면 항상 이런 군대를 쓰지 않고 자신의 군대를 신뢰하며, 외국에서 온 원군을 이용해 정복하는 것보다 차라리 자신의 군대로 패배하는 쪽을 택한다. 외국 군대의 지원에 의한 승리는 진정한 승리가 아니라고 평가하기 때문이다.

자신의 군대로 전쟁을 한 체사레 보르자

그 점에 관해 나는 주저 없이 체사레 보르자와 그 행적의 예를 인용하겠다. 그는 프랑스 군대만으로 이루어진 원군을 끌어들여 로마냐에 침입했고, 그들과 함께 이몰라와 포를리를 점령했다. 그러나 그는 그 군대를 믿을 수 없었기 때문에, 용병이 덜 위험할 것이라고 생각하여 오르시니와 비텔리의 용병들을 고용했다. 그러나 뒤늦게 그들 역시 믿을 수 없고 충성심이 의심스럽다고 판단하여, 그들을 해고한 다음 자신의 병력[5]으로 이루어진 군대를 편성했다.

이런 다양한 군대의 차이점은 공작이 프랑스 군대를 사용했을 때와 오르시니 및 비텔리의 군대를 고용했을 때, 그리고 자신의 군대에만 의존했을 때 그가 누렸던 명성이 각각 어떻게 변화되었는지 살펴보면 명백해질 것이다. 그의 영향력은 계속 높아졌는데, 특히 그가 자기 군대를 완벽하게 장악한 것을 만

---

5 로마냐 지방에서 온 군대를 말한다.

인이 인식하게 되었을 때 가장 높은 명성을 얻었다는 것을 알 수 있다.

히에론과 다윗

최근에 이탈리아에서 일어난 사례들을 인용하려 했지만, 그럼에도 불구하고 앞에서 이미 언급한 바 있는 시라쿠사의 히에론의 경우를 빼놓을 수가 없다. 앞서 말한 것처럼 그는 시라쿠사인들에 의해 그 군대의 지휘관이 되었으나, 그 용병들이 우리 이탈리아의 용병과 흡사한 부류의 병사들로 이루어져 아무 쓸모가 없음을 알아차렸다. 그로서는 그것을 유지할 수도 없고, 그렇다고 해체할 수도 없었으므로 그들을 모두 참살해 버렸다. 그런 다음 외국 군대의 지원 없이 자기 나라 군대만으로 전쟁을 치렀다.

나는 이런 문제를 적용할 수 있는 한 예를 구약성서[6]에서 찾아보고자 한다. 다윗이 팔레스타인(블레셋)의 용사 골리앗과 싸우겠다고 했을 때, 사울 왕은 그를 격려하기 위해 자기의 무기와 갑옷을 주었다.

그러나 그 갑옷을 몸에 걸쳐 본 다윗은, 그것을 입고는 힘을 쓸 수 없다며 사양하고 자신의 투석기와 칼만으로 싸우겠다고 했다. 요컨대 다른 사람의 갑옷이나 무기는 거추장스럽거나 부담스럽거나, 아니면 움직이는 데 제약이 될 뿐이라는 것이다.

---

[6] 사무엘상 17장 38~40절.

혼성군의 병폐

루이 11세의 아버지 샤를 7세는 그 행운과 용기로 영국으로부터 프랑스를 해방시켰는데,[7] 오로지 자신의 군대에만 의존할 필요성을 깨닫고 기병과 보병으로 정규군을 편성했다. 그후 그의 아들 루이 11세는 보병을 폐지하고 스위스 용병을 고용하기 시작했다. 이 잘못된 정책은 (지금 와서 명확해진) 다른 실수들과 결부되어 프랑스 왕국을 위기로 몰아넣는 원인이 되었다.[8] 스위스군의 입장을 강화시킴으로써 그는 나머지 군대의 사기를 떨어뜨렸다. 프랑스군의 보병을 해체하고 기병은 외국 군대에 의존하게 만들었기 때문이다. 그로 인해 스위스군과 합동으로 싸우는 데 익숙해진 기병들은 그들이 없으면 아무것도 할 수 없는 지경에 이르렀다. 그 결과 프랑스군은 스위스군에 상대가 안 될 정도로 허약해졌으며, 스위스군 없이는 전투의 승리를 확신할 수도 없게 되었다.

그리하여 프랑스군은 용병과 자국군으로 이루어진 혼성군이 되었다. 그런 혼성군이 순수한 용병이나 원군보다는 훨씬 더 우수하지만, 순수한 자국군에 비할 바는 못 된다. 이상의 예로 알 수 있듯, 만일 샤를 7세가 만들어 놓은 군사제도를 확대하거나 적어도 그대로 유지했더라면 프랑스는 무적의 왕국이 되었을 것이다.

그러나 지혜가 부족한 인간은, 앞에서 소모성 열병에 대해 말했던 것처럼, 처음에 매력적으로 보이는 정책 뒤에 숨어 있는 독소를 알아차리지 못하고 실

---

[7] 1453년, 곧 백년전쟁이 끝난 때를 말한다.
[8] 1512년 프랑스군이 이탈리아에서 추방된 것을 말하고 있다.

행에 옮긴다. 그러므로 독성이 퍼지기 전에 깨닫지 못하는 군주는 현명하다고 할 수 없다. 그러나 이런 능력은 극히 소수만 지니고 있을 뿐이다.

로마 제국이 쇠퇴하게 된 최초의 원인을 살펴보면, 고트족 용병을 고용하면서 시작되었음을 알 수 있다. 그때부터 로마 제국의 힘은 약화되기 시작했고, 그들의 활력을 고트족이 모두 흡수했던 것이다.

자신의 군대가 없는 군주는 위험하다

결론적으로 자신의 군대가 없으면 어떤 군주국도 결코 안전하지 못하다. 오히려 위험에 처했을 때 나라를 지킬 힘이 없기 때문에 전적으로 운에 의존해야 한다. 그러므로 현명한 사람들은 항상 '자신의 무력에 기반을 두지 않는 권력의 명망처럼 취약하고 불안정한 것은 없다'라는 경구를 마음 깊이 새긴다. 자신의 무력이란 자기가 다스리는 나라의 신민, 그리고 속령(屬領)의 백성으로 구성된 군대를 말하며, 그 밖의 모든 것은 용병이나 원군을 의미한다.

자신의 무력을 갖추는 올바른 방법은, 앞에서 인용한 네 사람[9]의 경우를 잘 살펴보고, 알렉산드로스 대왕의 아버지 필리포스를 비롯한 다른 많은 통치자들과 공화국들이 어떻게 준비하고 그 군대를 조직했는지 검토하면 쉽게 알 수 있을 것이다. 나는 그들이 사용한 방법에 전적인 신뢰를 보낸다.

---

9 체사레 보르자, 히에론, 샤를 7세 및 다윗을 가리킨다.

군사에 관한 군주의 처신 제14장

군주는 군사에 대해 잘 알아야 한다

군주는 전쟁과 전술, 그리고 군사훈련을 제외하고는 그 어떤 일이든 목표로 삼거나 관심을 가져서는 안 되며, 또 연구해서도 안 된다. 그것이야말로 통치자에게 어울리는 유일한 기술이기 때문이다. 그런 일에 집중한 데 따른 효과는 세습 군주로 하여금 그 지위를 유지하게 해줄 뿐만 아니라, 때때로 일개 시민을 군주의 자리에 오를 수 있게 해주기도 한다. 그 반면 군주가 군대에 관련된 일보다 개인적인 쾌락에 더 몰두하면 그 권력을 잃게 되는 것이 당연하다. 그러므로 군사(軍事)를 소홀히 하는 것은 군주가 권력을 잃게 되는 첫번째 원인이며, 군사에 정통한 것은 권력을 얻는 가장 확실한 방법이다.

프란체스코 스포르차는 군사에 정통했기 때문에 일개 시민에서 밀라노의 군주가 되었다. 그러나 그의 후손들[1]은 군사를 소홀히 했기 때문에 군주의 지위에서 일개 시민으로 전락했던 것이다. 군주는 다른 어떤 것보다 적당한 군

---

[1] 1500년 나라를 잃고 일개 시민이 된 루도비코, 그리고 1512년 회복했던 나라를 3년 후인 1515년에 다시 잃은 그 아들 막시밀리안을 가리킨다.

사력을 갖추지 못했을 때 경멸을 당하게 된다. 나중에 설명하겠지만, 이런 상황은 군주가 가장 경계하지 않으면 안 되는 불명예스러운 일 중의 하나이다.

무력을 갖춘 사람과 갖추지 못한 사람 사이에는 엄청난 차이가 있다. 무력을 갖춘 사람이 그렇지 못한 사람에게 자발적으로 복종하거나, 무력을 갖추지 못한 군주가 무력을 갖춘 신하들 사이에서 안전하기를 기대하는 것은 이치에 어긋난다.

왜냐하면 무력을 갖춘 자는 그렇지 못한 자를 멸시하고, 무력을 갖추지 못한 자는 갖춘 쪽을 불신할 것이기 때문에, 그들이 함께 일을 잘 해나간다는 것은 거의 불가능하다. 따라서 이미 말한 다른 어떤 불리한 점보다, 군사에 정통하지 못한 군주는 특히 자신의 병사들에게 존경받지 못하고, 그 역시 그들을 신뢰하지 못하게 된다.

평화시에 준비해야 할 일들

그러므로 군주는 언제나 군사 문제에 관심을 가져야 하며, 전쟁 때보다 평화시에 더욱 그 일에 주력해야 한다. 이에는 두 가지 방법이 있는데, 하나는 훈련을 하는 것이고, 다른 하나는 연구를 하는 것이다.[2] 훈련에 관해 말하자면, 군대를 잘 조직하고 훈련시키는 일 외에 그들과 함께 자주 사냥을 나가 신체를 단련하고, 그와 동시에 지형을 익혀야 한다.

2 전쟁에 대해 기록한 역사서를 읽는 것을 말한다.

즉 산은 어떻게 솟아 있고 계곡은 어떻게 전개되고 평야는 어떻게 펼쳐져 있는지 관찰해야 한다. 그 밖에도 강과 늪의 특성을 꿰뚫고 있어야 하는 등, 군주는 이런 모든 일에 관심을 기울여야 한다.

이런 지식들은 두 가지 의미에서 가치가 있다. 첫째 자기가 다스리는 나라의 지형을 잘 알게 되어 유사시 어떻게 방위해야 하는지 보다 잘 이해하게 된다. 둘째 지형에 대한 밝은 지식을 바탕으로 군주는 처음 마주치게 되는 지역의 특징에 대해서도 쉽게 파악할 수 있다.

왜냐하면 예컨대 토스카나 지방의 구릉, 계곡, 평야, 강, 늪 등은 여러 가지 면에서 다른 지역의 그것들과 유사점이 많기 때문이다. 따라서 어느 지역의 지형에 대한 지식으로 다른 지역의 지형에도 친숙해질 수 있다. 이런 지식이 부족한 군주는 지도자로서의 자질을 제대로 갖추지 못한 셈이다. 왜냐하면 군주는 이런 지식을 전쟁에 유리하게 이용해 적을 기습하고, 적절한 야영지를 선택하고, 군대를 인솔하여 전투에 임하게 하고, 또한 요새화된 도시들을 포위할 수 있기 때문이다.

필로포이멘의 사례

아카이아 동맹을 이끌었던 필로포이멘이 역사가들로부터 찬사를 들었던 이유 중 한 가지는 그가 평화시에도 항상 전술을 생각했다는 점이다. 그는 부하들과 들판에 나갔을 때도 때때로 발길을 멈추고 전술에 관해 이야기를 나누곤 했다.

"적이 저 언덕에 있고 우리가 여기에 군대를 배치한다면, 누가 더 유리한 위치에 있는가? 어떻게 하면 우리가 적절한 진형을 유지하면서 적을 공격할 수 있을까? 만일 우리가 후퇴하려면 어떻게 해야 하는가? 또 적이 퇴각한다면 어떻게 추격해야 할 것인가?"

이와 같이 그는 군대가 처할 수 있는 모든 상황을 제시한 다음, 그들의 의견을 듣고 또 나름대로의 근거를 가지고 자신의 의견을 밝혔다. 끊임없이 이런 토론을 했기 때문에, 실제로 군대를 지휘할 때 그가 처리하지 못할 어려운 상황은 발생하지 않았다.

위대한 인물의 모방

연구를 위해 군주는 역사서를 읽어야 한다. 그중에서도 특히 위대한 인물들의 행적을 연구해야 한다. 그들이 전쟁 중에 어떻게 처신했는지 살피고, 실패를 피하고 정복을 이루기 위해 그들이 거둔 승리와 패배의 원인을 검토하며, 무엇보다도 위대한 인물들을 모범으로 삼아야 한다. 과거의 위대한 인물들도 그들 이전에 찬양과 영광의 대상이었던 사람들을 모방하고자 그 행위와 업적을 마음속에 새겼던 것이다.

잘 알려져 있듯이, 알렉산드로스 대왕은 아킬레우스를 모방했으며, 카이사르는 알렉산드로스를, 스키피오는 키루스를 모방했다. 그리고 크세노폰이 쓴 키루스의 생애를 읽어본 사람이라면, 키루스 왕에 대한 모방이 스키피오의 생애에 영광의 원천으로 작용했음을 알 수 있을 것이다. 또 스키피오가 보여준

순결과 선(善), 자비와 관용이 키루스의 성품을 모방함으로써 얻게 된 것임을 알 수 있을 것이다.

  현명한 군주라면 언제나 지금까지 이야기한 대로 따라야 한다. 평화시에도 결코 태만해서는 안 되며, 부지런히 노력함으로써 자신의 역량을 강화하여 역경에 처할 때를 대비할 수 있어야 한다. 그러면 운명이 자신을 버리더라도 그 시련을 견딜 수 있게 될 것이다.

군주가 칭찬받거나 비난받는 경우

제15장

윤리적 공상과 현실

이제 자신의 신민이나 동맹관계에 있는 사람들에 대해 군주가 어떻게 행동해야 하는지 생각해 보자. 이 문제에 관해서는 이미 많은 사람들이 논한 바 있다는 것을 알고 있는데, 내가 말하고자 하는 것이 다른 사람들의 견해와 크게 다르기 때문에 혹 주제넘다고 하지는 않을까 걱정스럽다.

그러나 나는 이 문제를 이해할 수 있는 사람이라면 누구에게나 도움이 되었으면 하는 생각을 가지고 있으므로, 추상적인 것보다는 사물의 실제적인 진실을 추구하는 것이 낫다고 생각한다. 왜냐하면 많은 사람들이 현실 속에 존재한 것으로 확인되거나 알려진 적이 없는 공화국이나 군주국을 상상해 왔기 때문이다.

그러나 인간이 실제로 살고 있는 방식과 살아가야 할 방식 사이에는 분명히 차이가 있으므로, 반드시 해야 하는 일을 소홀히 하는 군주는 권력을 유지하기보다는 오히려 잃게 된다. 어떤 상황에서나 완벽한 선의 추구를 고집하는 사람은 선량하지 못한 사람들에 둘러싸여 파멸하지 않을 수 없기 때문이다.

따라서 자신의 지위를 유지하고자 하는 군주는 필요에 따라 부도덕하게 행동하는 것을 배워야 한다.

칭송받을 덕과 비난받을 악덕

그러므로 군주의 처신에서 일어날 수 있는 모든 추상적인 개념은 생략하고 오직 실제적인 일에 대해 살펴보면, 사람들의 화제에 오르는 인물 중 특히 군주는 그 지위가 높기 때문에 다음과 같은 성품들로 인해 비난이나 칭송을 듣게 된다. 즉 어떤 사람은 관대하고 어떤 사람은 인색하다는 평을 듣는다(토스카나어로 avaro나 nisero나 모두 인색하다는 뜻이 있지만, 아바로는 자기 것으로 만들기 위해 탐욕을 부리는 사람을 말하는 데 반해 미세로는 자신의 소유물을 쓰지 않으려는 사람을 말한다). 그 밖에 잘 베푸는 사람과 탐욕스러운 사람, 잔인한 사람과 자비로운 사람, 불성실한 사람과 성실한 사람, 나약하고 겁 많은 사람과 강인하고 용감한 사람, 겸손한 사람과 오만한 사람, 음탕한 사람과 절제하는 사람, 진실한 사람과 교활한 사람, 융통성이 있는 사람과 꽉 막힌 사람, 진지한 사람과 경솔한 사람, 신앙심이 있는 사람과 없는 사람 등과 같은 평가를 듣는 것도 마찬가지이다.

군주가 그 모든 것 중 훌륭하다고 생각되는 성품들을 두루 갖추고 있다면 가장 바람직한 일이며, 모든 사람들이 이를 기꺼이 인정할 것이다. 그러나 삶의 상황으로 인해 이 모든 것을 갖추기는 불가능하고 또 완벽하게 가늠해 볼 수도 없기 때문에, 군주는 적어도 자기 권력의 기반을 무너뜨릴 만한 악덕으로 나쁜 평판을 듣지 않도록 하고, 또 정치적으로 위험을 불러일으키지 않는 악덕들도 가능한 한 피하도록 할 것이다.

그러나 어쩔 수 없는 일이라면, 그런 악덕에 대해 지나치게 걱정할 필요는 없다. 그런 악덕 없이 그 지위를 유지할 수 없을 때는 그로 인해 듣는 나쁜 평판에 개의치 말아야 한다. 전반적인 문제에 대해 신중히 따져보면, 얼핏 미덕으로 보이는 것이 파멸을 초래하는 수도 있는 반면, 악덕으로 보이는 것이 결과적으로 자신의 안전과 번영을 보장하는 경우가 있기 때문이다.

관대함과 인색함 제16장

관대함이라는 평판에 따르는 정치적 위험

앞에서 말한 여러 성품 중 첫번째 것에 대해 살펴보자. 관대하다는 평판을 듣는 것은 바람직한 일이지만, 그 관대함이 정말로 관대하게 여겨질 정도로 실천된다면 그것은 오히려 군주에게 해가 된다. 만약 그 미덕을 지혜롭고 올바르게 실천한다면, 사람들은 그것을 알아주지 않고 반대로 군주가 그 반대의 악덕[1]을 실천한다고 비난할 것이다.

세상에서 관대하다는 평판을 들으려면, 사치스러운 허식의 형태를 소홀히 할 수가 없다. 그로 인해 군주는 어쩔 수 없이 자신의 모든 자원을 소모하고 만다. 그리고 관대하다는 평판을 유지하기 위해 백성들에게 무거운 세금을 부담시키는 등 자금 축적을 위한 모든 수단을 동원하게 될 것이다. 그리하여 그는 백성들의 원한을 사게 되며, 재정적으로 궁핍해져 아무에게도 존경받지 못하게 된다. 그의 관대함으로 인해 큰 해를 입는 사람은 많고 혜택을 받는 사람은 거의 없으므로, 그는 불만의 징조를 느끼게 되고, 대단치 않은 최초의 어려

---

[1] 인색함을 말한다.

움에도 그 권좌가 흔들리게 된다. 그러나 그가 그 점을 깨닫고 처신을 바꾸려 하면, 즉시 인색하다는 비난을 받게 될 것이다.

진정한 관대함은 검약

군주는 스스로의 손실 없이 관대함이라는 미덕을 실천하고 동시에 관대하다는 평판을 얻을 수 없으므로, 현명한 군주라면 인색하다는 평판을 두려워해서는 안 된다. 왜냐하면 그의 검약으로 공격해 오는 어떤 적도 방어할 수 있고, 백성들에게 부담을 주지 않고 전투를 수행할 수 있을 만큼 그의 재정이 충분하다는 사실이 알려지면, 그는 관대한 처신을 했던 것보다 더 관대하다는 평판을 듣게 된다. 그는 궁극적으로 재산을 보존하게 된 대다수의 사람들로부터 관대하다는 평판을 듣게 되고, 그가 아무것도 베풀어 주지 않았던 소수의 사람들[2]로부터 인색하다는 평판을 듣게 되기 때문이다.

오늘날 위대한 업적을 이룬 사람들은 모두 인색하다는 평판을 들은 사람들이다. 그렇지 않은 사람들은 다 실패했다. 교황 율리우스 2세는 교황의 자리에 오르기까지는 관대하다는 평판을 활용했다. 그러나 교황이 된 후 프랑스 왕과 전쟁을 할 때는 더 이상 그런 평판을 유지하려고 하지 않았다. 현재의 프랑스 왕[3]은 백성들에게 무거운 세금을 부과하지 않고 많은 전쟁을 수행했는데, 이는 그가 오랫동안 검소한 생활을 계속하여 그 막대한 경비를 충당할 수

---

2 관대한 지배자로부터 무엇인가 이득을 기대했던 조정 신하들과 그 밖의 인물들.
3 루이 12세.

있었기 때문이다. 만일 현재의 에스파냐 왕이 관대하다는 평판을 들었더라면, 그토록 많은 전투를 수행하지도 못했을 것이며 또 그만큼 성공하지도 못했을 것이다.

관대함을 나타내는 현명한 방법

그러므로 현명한 군주는 백성들을 착취하지 않고도 자신을 지키기 위해, 가난하여 멸시당하지 않기 위해, 그리고 약탈을 하지 않기 위해 인색하다는 평판을 듣는 것에 개의치 말아야 한다. 인색함이란 나라를 다스리는 데 허용된 악덕 중 하나이기 때문이다.

카이사르는 그 관대함으로 권력을 얻었으며, 그 밖의 많은 사람들 역시 관대하다는 평판 때문에 높은 지위에 오른 것 아니냐고 반박하는 사람이 있을 수도 있다. 이에 대해서는, 그가 이미 군주가 되었는가 아니면 군주가 되려고 노력하는 중인가에 따라 다르다고 대답할 것이다. 전자의 경우 관대한 것은 해롭지만, 후자의 경우에는 관대하다는 평판을 듣는 것이 필요하다. 카이사르는 로마에서 최고 권력자가 되려 했던 인물들 중 한 명이었다. 그러나 만약 그가 최고 권력자가 된 다음 생존했더라도 씀씀이를 절제하지 않았더라면 권력을 잃었을 것이다.

그리고 다시 누군가가, 관대하다는 평을 받은 많은 군주들이 자신의 군대를 거느리고 위업을 성취하지 않았느냐고 반론을 제기한다면, 군주가 그 자신이나 신민들의 재산을 쓰는 경우와 타인의 재산을 쓰는 경우가 다르다고 대답할 것이다. 전자의 경우 군주는 인색하지 않으면 안 되나, 후자의 경우에는 관대함을 드러내는 데 주저하면 안 된다. 군주가 군대를 이끌고 전쟁터에 나가면, 전리품, 약탈품, 그리고 포로의 배상금 등 타인의 재물에 의해 군대를 유지하게 되므로, 이 경우 넉넉한 씀씀이가 절대적으로 필요하다. 그렇지 않으면 병사들은 그를 따르지 않을 것이다.

키루스, 카이사르, 그리고 알렉산드로스의 경우처럼 군주 자신의 것이나 신민들의 것이 아니면 후하게 베풀어야 한다. 왜냐하면 타인의 것을 후하게 주는 것은 군주의 명성을 떨어뜨리지 않고 오히려 더욱 높이는 것이기 때문이다. 군주에게 해가 되는 것은 자신의 것을 함부로 쓰는 경우뿐이다.

관대함은 소모적이다

관대함만큼 자기 소모적인 것은 없다. 관대함을 실천함에 따라 그것을 실천할 수 있는 능력을 잃어버리기 때문이다. 군주는 가난해지고 경멸당하게 되며, 또는 가난을 면하려고 탐욕을 부리게 되어 결국 원한을 사게 될 것이다. 군주는 모름지기 경멸받거나 미움받는 것을 경계해야 하는데, 관대함은 이 두 가지 결과 중 어느 하나를 초래하기 때문이다.

따라서 관대하다는 평판을 얻기 위해 탐욕을 부림으로써 비난과 미움을 초래하는 것보다는, 비록 비난은 받겠지만 미움은 받지 않는, 인색하다는 평판을 듣는 것이 보다 더 현명한 처신이라고 하겠다.

잔인함과 자비로움, 사랑받는 것과 두려움의 대상이 되는 것

제17장

현명한 잔인함은 참된 자비로움

앞에서 말한 여러 성품 중 한 가지에 대해 논의하자면, 모든 군주는 잔인하다는 것보다 자비롭다는 평판을 들어야 한다. 그렇지만 이 자비로움을 잘못 활용하지 않도록 주의해야 한다.

체사레 보르자는 잔인하다는 평을 받았으나, 그의 그런 잔인성으로 인해 로마냐의 질서가 회복되고, 그 지역이 통일되었으며, 또한 평화롭고 충성스러운 곳이 되었다. 이 문제를 잘 생각해 보면, 잔인하다는 평판을 피하기 위해 피스토이아가 붕괴되는 것을 버려둔 피렌체인들보다는 그가 훨씬 더 자비로웠음을 알 수 있을 것이다.

따라서 군주는 그 신민들을 결속시키고 충성을 바치도록 만들 수만 있다면 잔인하다는 평판을 듣는 것을 두려워해서는 안 된다. 도에 넘친 자비를 베풀어 혼란 상태를 초래, 백성들이 약탈과 파괴를 경험하게 하는 사람에 비하면, 아주 가끔 잔인한 행위를 함으로써 기강을 바로잡는 군주가 결과적으로 더 자비롭게 보일 것이다. 군주의 잔인함은 특정한 개인에게만 해를 끼치는 것이지만, 전자의 경우는 국가 전체에 해를 끼치게 되기 때문이다.

신생 군주국은 온갖 위험으로 가득 차 있기 때문에, 모든 군주들 중 특히 새로 군주의 지위에 오른 사람은 잔인하다는 평판을 피하기가 어렵다. 그러므로 베르길리우스는 디도의 입을 통해 자신의 통치가 잔인했던 것에 대해 다음과 같이 변명했다.

가혹한 운명과 새로 통치를 시작한 상황이 나로 하여금 그런 조치를 강요했으며, 넓은 영토를 구석구석 삼엄하게 감시하도록 했다네.

사랑받는 것보다 두려움의 대상이 되어야 한다

그러나 군주는 참소를 듣고 어떤 조치를 취하는 데 주의해야 하며 두려움을 드러내도 안 된다. 군주는 적절한 신중함과 자비심을 가지고 행동해야 하며, 다른 사람을 너무 믿은 나머지 경솔하게 처신하면 안 되고, 지나친 불신으로 주위 사람들이 견디기 힘들게 만들어서도 안 된다.

바로 여기에서 또 하나의 문제를 제기하자면, 사랑받는 것과 두려움의 대상이 되는 것 중 어느 쪽이 더 나은가 하는 점이다. 군주라면 사랑을 받는 동시에 두려움의 대상이 되는 것이 바람직하다고 말할 수 있다. 그러나 두 가지를 한꺼번에 얻기는 어려우므로, 둘 중 어느 하나를 택해야 한다면 사랑받는 것보다는 두려움의 대상이 되는 쪽이 더 안전하다.

이것은 일반적인 인간의 특성에 대해 말해 준다. 즉 인간이란 은혜를 모르고, 변덕스러우며, 위선적인데다가 비겁하고, 눈앞의 이익에 탐욕스럽다. 그들은 군주가 자신들에게 은혜를 베푸는 동안은 헌신적이며, 앞에서 말한 것처럼 위험이 닥치지 않았을 때는 군주를 위해 피를 흘리고, 재산을 바치고, 자신들의 목숨과 그 자식까지도 기꺼이 바칠 것처럼 행동한다. 그러나 막상 군주에게 위험이 닥치면 그들은 등을 돌린다. 따라서 전적으로 그들의 약속을 믿고 다른 안전 대책을 마련하지 않은 군주는 몰락하고 만다. 위대하고 고결한 정신에 의한 것이 아니라 대가를 치르고 얻은 우호관계는 진정으로 확보된 것은 아니며, 정작 필요한 때가 되면 의존할 수 없게 된다.

인간은 두려워하는 자를 해칠 때보다 사랑하는 자를 해칠 때 덜 주저한다. 인간이란 비열한 존재이므로, 일종의 의무감에 의해 유지되는 사랑 따위는 자신들의 이익을 위해서라면 쉽게 팽개쳐 버리기 때문이다. 그러나 두려움은 처벌에 대한 공포에 의해 유지되기 때문에 버릴 수가 없다.

어떤 경우에도 미움을 사지 않는 방법

그렇지만 군주는 사랑받지 못한다면 최소한 미움을 받지 않으면서 두려워하게 만들어야 한다. 미움을 받지 않고 두려움의 대상이 되는 것은 전적으로 가능하기 때문이다. 군주가 그 신민들의 재산과 부녀자들에게 손을 대지 않는 한 언제든 그와 같은 상태를 유지할 수 있다. 만약 누군가를 어쩔 수 없이 죽여야 할 때에는 명백한 이유와 적절한 명분이 있어야 한다. 그러나 무엇보다도 타인의 재산을 빼앗는 것은 삼가야 한다. 왜냐하면 사람이란 아버지의 죽음은 쉽사리 잊어도 재산을 잃은 것은 좀체 잊어버리지 못하기 때문이다. 게다가 타인의 재산을 빼앗을 명분은 얼마든지 있다. 약탈을 일삼는 군주는 언제라도 남의 재산을 빼앗기 위한 구실을 찾아낼 수 있다. 그 반면 피를 흘리게 할 구실은 훨씬 드물고 또 찾기도 힘들다.

잔혹하다는 평판을 겁내지 말아야 한다

그러나 군주는 자신의 군대를 통솔하고 많은 병사들을 지휘할 경우에는 잔혹하다는 평판을 겁내서는 안 된다. 그러지 않으면 군대를 통솔할 수 없고 또 전투에 대한 태세도 갖추지 못할 것이기 때문이다.

한니발의 뛰어난 활약 가운데서도 가장 칭찬할 만한 점은, 그는 많은 나라에서 선발된 대군을 거느리고 이역에서 전투를 했지만 상황이 좋을 때나 나쁠 때나 상관없이 병사들 사이에서 또 그 지도자에 대해서 어떤 분란도 일어나지 않았다는 것이다.

이것은 그 밖의 뛰어난 능력과 함께 부하들에게 그를 존경하고 겁내게 만든 그 무자비한 잔혹함 때문이라고 할 수 있다. 그런 잔혹함 없이 다른 능력만 가지고는 그와 같은 성과를 거둘 수 없었을 것이다.

그런 면모를 제대로 알지 못한 분별없는 저술가들은 그의 업적을 찬양하면서도 한편으로는 그 성공의 주된 원인을 비난하는 어리석음을 범하고 있다.

자비심 많은 스키피오

한니발이 잔혹함이 아닌 다른 능력만으로는 그런 성과를 이루지 못했을 것이라는 사실은 스키피오의 경우에서 알 수 있다. 그는 그의 시대뿐만 아니라 역사상 가장 위대한 인물 중 한 사람이었으나, 군사들에게 군율을 유지하는 데 필요한 것보다 지나친 자유를 허용했기 때문에 그의 군대는 에스파냐에서 반란을 일으켰다. 그로 인해 파비우스 막시무스는 원로원에서 로마 군대를 타락시킨 자라고 그를 탄핵했다. 그리고 로크리 지방이 자신이 임명한 지방장관에 의해 형편없이 황폐해졌을 때, 스키피오는 그 주민들의 원성을 들으려 하지 않았으며, 그 지방장관의 횡포도 벌하지 않았다.

이 모든 것은 스키피오의 지나치게 관대한 성품으로 인한 것이다. 원로원에서 그를 변호하려 했던 어떤 사람은, 세상에는 다른 사람의 잘못을 처벌하는 것보다 자신이 그런 잘못을 저지르지 않는 데 뛰어난 사람들이 있는데, 스키피오가 바로 그런 사람이라고 말했다. 만일 스키피오가 그런 성격을 계속 지닌 채 군대를 지휘했더라면, 그의 명성과 영광은 시간이 지남에 따라 빛이 바랬을 것이다. 그러나 그는 원로원의 통제하에 있었으므로, 이와 같이 유해한 성품이 드러나지 않음으로써 영광을 얻을 수 있었다.

군주는 자신의 선택에 의존해야 한다

사랑받는 것과 두려움의 대상이 되는 문제로 되돌아가서 결론을 내린다면 다음과 같다. 즉 백성들이란 자신의 선택 여하에 따라 사랑하고 군주의 선택 여하에 따라 두려움을 품게 된다. 따라서 현명한 군주는 타인의 선택에 의지할 것이 아니라 자신의 선택에 더 의지해야 한다. 다만 앞에서 말한 것처럼 미움받는 일만은 피해야 한다.

군주는 어떻게 신의를 지켜야 하는가

제18장

군주의 신의

군주가 신의를 지키며 타인을 기만하지 않고 정직하게 살아가는 것이 얼마나 칭찬받을 만한 일인가 하는 점은 모든 사람이 알고 있다. 그런데도 우리의 경험에 의하면, 신의를 그다지 중요하게 여기지 않고 교활한 지혜로 사람들을 혼동시키는 군주가 오히려 위대한 업적을 이루었다. 궁극적으로 그들은 신의를 지키는 사람들에 맞서 언제나 승리했다.

군주는 짐승과 인간의 성품을 갖추어야 한다

그렇다면 투쟁에는 두 가지 방법이 있음을 알아야 한다. 그중 한 가지는 법률에 따르는 것이고, 다른 한 가지는 힘에 의한 것이다. 전자는 인간에게, 후자는 짐승에게 어울리는 방법이다. 그러나 첫번째 방법으로는 종종 다양한 상황을 감당하는 데 충분치 못하므로 두 번째 방법도 사용할 줄 알아야 한다. 따라서 군주는 사람에게 어울리는 방법뿐만 아니라 짐승에게 어울리는 방법을 사용할 줄도 알아야 한다.

고대의 저술가들은 이 문제에 대해 군주들에게 비유적으로 가르쳤다. 그들은 아킬레우스를 비롯한 고대의 많은 군주들이 반인반수(半人半獸)인 케이론[1]에 의해 키워지고 교육을 받았다는 점을 지적하고 있다. 여기서 반인반수인 괴물을 스승으로 삼았다는 것은 군주는 그 두 가지 성품을 사용하는 방법을 아는 것이 필요하며, 어느 한쪽을 갖추지 못하면 그 지위를 안전하게 유지할 수 없다는 것을 의미한다.

여우와 사자

그러므로 군주는 짐승의 성품을 잘 이용하는 방법을 알아야 하며, 그럴 경우 짐승 중에서도 여우와 사자를 선택해야 한다. 왜냐하면 사자는 함정에 빠지기 쉽고, 여우는 늑대로부터 자신을 지킬 수 없기 때문이다. 함정을 분간하기 위해서는 여우가 될 필요가 있고, 늑대를 물리치기 위해서는 사자가 되지 않으면 안 된다. 전적으로 사자의 본성에만 의지하는 사람은 모든 일의 본질을 제대로 파악하지 못한다. 따라서 현명한 군주라면 신의를 지키는 것이 자신에게 불리하거나, 약속을 할 당시의 조건이 이미 사라졌을 때는 신의를 지킬 수 없을 뿐만 아니라 또 지켜서도 안 된다.

만일 모든 인간이 선량하다면 이 교훈은 적절하지 않을 것이다. 그러나 인

---

[1] 케이론은 반인반수(半人半獸)의 켄타우로스족 현자로, 그리스 신화의 여러 영웅들을 배출했다고 한다. 이아손, 헤라클레스, 그리고 아스클레피오스, 아킬레우스가 그의 제자들이다.

간은 본질적으로 악하여 군주와 했던 약속을 지키지 않기 때문에 군주 역시 그들에 대한 신의를 지킬 필요가 없다. 그리고 군주는 신의를 지키지 못하는 데 대한 정당한 이유들을 언제나 만들어낼 수 있다. 이 점에 관해서는 최근의 예들을 무수히 많이 들 수 있으며, 얼마나 많은 중대한 조약과 약속이 신의 없는 군주들로 인해 깨지거나 그 효력을 잃었는지 보여줄 수 있다. 그들 중 여우의 기질을 가장 잘 활용한 군주가 가장 크게 성공했다.

그러나 여우다운 기질을 교묘하게 위장하여 감추는 방법을 알고 있어야 한다. 인간은 가장 위선적이며 능숙한 기만자가 되어야 한다. 또한 인간은 매우 단순하며 당장의 필요에 따라 쉽게 움직이기 때문에, 능숙한 기만자는 언제라도 속기를 원하는 자를 찾아낼 수 있다. 최근의 사례 중 한 가지를 인용하겠다. 교황 알렉산데르 6세는 사람을 속이는 일에만 관심을 가졌는데, 그는 사람들이 번번이 속는다는 것을 발견했다. 그만큼 확고한 약속을 하고 또 철석같이 맹세하고 그 약속을 지키지 않은 사람도 없을 것이다. 그런데도 그는 인간의 단순한 성품을 잘 활용했기 때문에 그의 기만은 언제나 완벽하게 성공했다.

군주의 성품은 필요에 의해 바꾸어야 한다

그러므로 군주는 앞에서 열거한 모든 성품을 다 갖추어야 할 필요는 없으나, 마치 다 갖추고 있는 것처럼 보일 필요는 있다. 군주가 그런 성품을 모두 갖추고 끊임없이 실행하는 일은 해롭지만, 갖춘 것처럼 보이는 것은 유익하다고 감히 확언할 수 있다. 예를 들어, 자비롭고 신의가 있고 인간적이고 정직하고 경건한 것처럼 보이는 것이 좋으며, 또한 실제로 그런 것이 좋다. 그러나 그런 성품을 보이지 말아야 할 필요가 있을 때는 정반대로 행동할 태세가 되어 있어야 하며, 또 그렇게 행동할 수 있어야 한다.

군주는, 특히 신생 군주는 사람들이 좋다고 생각하는 행동 규범을 모두 지킬 수는 없다는 점을 분명히 알고 있어야 한다. 자신의 지위를 보전하기 위해서는 종종 신의를 지키지 못하고, 무자비하고 비인간적으로 행동하고, 또 종교도 무시하도록 강요당하기 때문이다.

따라서 군주는 운명의 방향과 상황의 변화에 맞추어 자신의 처신을 달리할 수 있는 마음의 준비가 되어 있어야 한다. 그리고 앞서 말한 것처럼 가능하면 올바른 방향에서 벗어나서는 안 되지만, 어쩔 수 없을 때는 비행을 저지를 수 있어야 한다.

사람들은 대개 겉모양에 따라 판단한다

군주는 입에서 나오는 모든 말들이 앞에서 말한 다섯 가지 성품들로 가득 차 있도록 주의를 기울여야 한다. 군주를 보고 또 그 말을 듣는 사람들에게 자비롭고 신의가 있고 인간적이고 정직하고 신앙심이 깊다는 인상을 주어야 한다. 이중에서도 특히 신앙심이 깊은 것처럼 보이는 것이 가장 중요하다. 왜냐하면 사람들은 보통 손으로 만져보고 판단하기보다 눈으로 보고 판단하기 때문이다. 대부분의 사람들은 군주를 보이는 대로 볼 수 있지만 직접 만져보고 확인할 수 있는 사람은 극히 소수이다. 그리고 이 소수의 사람들 또한 군주의 권위에 의해 보호받는 다수의 의견에 감히 도전하지 못한다.

인간의 모든 행동, 특히 군주의 행동에 대해 사람들은 직접 설명을 들을 수 없기 때문에 다만 결과를 보고 판단한다. 군주가 전쟁을 수행하고 국가를 보전하면, 그 수단은 모든 사람에 의해 언제나 명예로운 것으로 판단되고 찬양받을 것이다. 왜냐하면 보통 사람들은 언제나 일의 겉모습과 결과에 현혹되기 때문이다. 그리고 이 세상에는 그런 보통 사람들이 대부분이며, 그런 다수가 군주와 의견을 같이할 때 소수[2]는 고립되어 있게 마련이다.

굳이 이름을 말하지는 않겠는데, 우리 시대의 한 군주[3]는 언제나 평화와 신의를 설교하지만 사실 그는 그 두 가지에 전적으로 반대하는 사람이다. 그가 만일 말 그대로 실천에 옮겼더라면, 그는 자신의 국가와 권위를 여러 번 잃어버렸을 것이다.

2 권력의 실상을 알고, 또 그 겉모습에 흔들리지 않는 분별력 있는 소수.
3 아라곤의 페르난도 왕을 일컫는다.

경멸과 미움을 피하는 방법

제19장

미움을 부르는 것

앞에서 지적한 성품들 중에서 중요한 것은 이미 논의했으므로, 나머지 것에 대해서는 일반적인 내용으로 간단히 논하겠다. 앞서 말한 바와 같이 군주는 미움이나 경멸을 사게 될 만한 일을 피하도록 애써야 한다. 그런 것들을 피하는 데 성공했다면 그 의무를 다한 것이고, 어떤 다른 악덕을 행했다 해도 위험에 빠지는 일은 없을 것이다.

이미 말한 것처럼 다른 무엇보다 군주를 미워하게 만드는 것은 탐욕스러워져서 신민들의 재산이나 부녀자를 강탈하는 것이다. 군주는 이 두 가지를 특히 삼가야 한다. 대부분의 사람들은 그 재산과 명예를 빼앗기지 않는 한 만족하며 살게 마련이다. 따라서 군주는 소수의 야심 있는 사람들만 잘 다루면 되는데, 그런 사람들은 다양한 방법으로 그다지 어렵지 않게 제압할 수 있다.

군주가 경멸을 당하게 되는 것은 변덕스럽고 경박하며 나약하고 소심하며 우유부단한 인물로 보일 때이다. 이런 결점에 대해 군주는 마치 암초를 피하듯 경계해야 한다. 군주는 당당함, 용기, 진지함, 강건함을 보여주어야 하며,

신민들의 사사로운 분쟁에 대해 자신이 내린 결정을 취소하는 일이 없도록 해야 한다. 그리고 이런 평판을 유지해서 아무도 군주를 속이거나 술책을 부릴 엄두조차 내지 못하게 해야 한다.

명성의 결과는 안전

그런 여론을 일으키는 데 성공한 군주는 위대한 인물로 평가되며, (그가 대단히 능력 있는 인물로 알려져 있고, 신민들이 그를 존경하는 한) 그에 대해 음모를 꾸미거나 공격하기는 힘들다.

따라서 군주는 두 가지를 경계해야 하는데, 그중 하나는 대내적, 즉 신민에 관한 것이고, 다른 하나는 대외적, 즉 외세에 관한 것이다. 외세와 관련된 것은 훌륭한 군대와 믿을 만한 동맹국이 있으면 효과적으로 자신을 방어할 수 있다. 그리고 훌륭한 군대를 가지는 것은 항상 믿을 만한 동맹국을 가지는 것으로 귀결된다. 대외적인 문제가 안정되어 있다면, 대내적인 문제는 그 나라가 음모에 의해 이미 혼란스럽지 않은 한 별다른 어려움이 없을 것이다. 설령 외세의 위협이 있다 하더라도, 군주가 앞서 말한 것처럼 자신을 잘 관리하고 또 잘 조직된 군대만 있다면 스파르타의 나비스가 그랬던 것처럼 어떤 공격이라도 막아낼 수 있다.

그러나 외세의 위협이 없을 경우, 군주는 자신의 신민이 은밀하게 음모를 꾸미는 것을 경계해야 한다. 군주는 그 백성들로부터 미움과 경멸을 받지 않고 그들과 좋은 관계를 유지할 때 가장 안전하게 자신을 지킬 수 있다. 그리고 앞에서 상세하게 설명한 것처럼 군주의 통치에 신민들이 만족한다는 것은 중요하므로 반드시 그렇게 하지 않으면 안 된다.

음모에 대한 대비책은 백성들의 호감

음모에 대해 군주가 대항할 수 있는 가장 확실한 방법은 백성들로부터 미움을 받지 않는 것이다. 음모를 꾸미는 자들은 언제나 군주를 죽임으로써 백성들을 만족시킬 수 있다고 생각하기 때문이다. 그러나 음모자들에게는 수많은 어려움과 위험이 있기 때문에, 자신들의 소행이 백성들의 분노를 사게 된다고 생각하면 그 계획을 실천에 옮길 용기를 내지 못할 것이다.

경험에 의해 알 수 있는 바와 같이, 역사상 음모는 많았으나 성공한 경우는 거의 없었다. 음모는 단독으로 꾸밀 수 없으며, 불만을 품고 있을 것이라 여겨지는 자들 외에는 동조자를 구할 수 없기 때문이다. 그러나 어떤 불평분자에게 속마음을 털어놓는 순간, 그에게 불만을 해소할 수 있는 기회를 제공하는 셈이 된다. 그는 음모를 폭로하는 것만으로도 충분한 보상을 받을 수 있기 때문이다. 만약 그가 폭로하면 확실한 이득이 있는데도, 또 성공 여부가 불확실하며 많은 위험이 예상되는데도 불구하고 신의를 지킨다면, 그는 둘도 없는 동지거나 아니면 철저한 군주의 적이다.

요컨대 음모를 꾸미는 자에게는 두려움과 의심, 그리고 처벌에 대한 공포가 있을 뿐이지만, 군주에게는 그 지위에 어울리는 위엄과 법률, 동맹국들의 보호, 그리고 자신을 지켜줄 국가가 있다. 거기에 백성들의 선의가 추가되면, 어느 누구도 감히 군주에 대해 경솔하게 음모를 꾸미기는 힘들 것이다. 일반적으로 음모를 꾀하는 자는 그 일을 실행하기 전에 두려움을 느끼게 되는데, 이런 경우 목표했던 일을 끝낸 뒤에도 백성들을 적으로 상대해야 하기 때문에 어떤 도피처도 찾을 수 없게 된다.

벤티볼리오의 사례

이런 예들은 수없이 많이 들 수 있지만, 우리 선대에 일어난 사건 하나만 드는 것으로도 충분할 것이다.

현재의 안니발레 영주의 할아버지이자 볼로냐의 군주였던 안니발레 벤티볼리오는 칸네스키 가문의 모반에 의해 암살되었다. 당시 벤티볼리오 가문에서는 갓난아기였던 조반니만 살아남았다. 그 암살 사건 직후 백성들이 들고 일어나 칸네스키 일족을 모두 살해했다. 당시 벤티볼리오 가문이 볼로냐의 백성들에게 두터운 신망을 얻고 있었기 때문이다.

안니발레가 죽은 후 그 가문에는 볼로냐를 다스릴 만한 사람이 남아 있지 않았다.[1] 그런데 벤티볼리오 가문의 핏줄이(대장장이의 아들로 알려진) 피렌체에 살고 있다는 소문을 들은 볼로냐 시민들은, 그를 찾아 데려다가 도시의 통치를 맡겼다. 그는 조반니가 성년이 될 때까지 볼로냐를 다스렸다.

그러므로 군주는 백성들이 호감을 가지고 있는 동안은 음모에 대해 염려할

---

1 그때 조반니 벤티볼리오는 몹시 어렸다.

필요가 없지만, 백성들이 적대적이고 미워할 때는 모든 일에, 그리고 모든 사람에 대해 두려움을 가지지 않으면 안 된다.

모든 계급을 만족시킨 프랑스의 정치질서

질서가 잘 잡힌 국가와 현명한 군주는 귀족들의 기분을 거스르지 않도록, 또 백성들이 만족할 수 있도록 세심한 배려를 해왔다. 이것이야말로 군주가 관심을 가져야 할 가장 중요한 문제 중 하나이다.

프랑스는 오늘날 가장 질서가 잘 잡히고 잘 통치되는 나라이다. 프랑스에는 왕의 자유 및 안전의 기초가 되는 훌륭한 제도가 무수히 많지만, 그중 가장 중요한 것은 고등법원과 그 권위이다. 그 왕국을 개혁한 사람[2]은 귀족들의 야심과 오만을 잘 알고 있었으므로, 그들을 통제하기 위해 그 입에 재갈을 물려야 한다고 판단했다. 그와 동시에 백성들이 귀족에 대해 두려움으로 인한 미움을 품고 있음을 알고 그들을 보호하려고 했다.

그러나 왕이 그런 역할에 관심이 있다는 사실이 알려지는 것을 꺼렸다. 백성들을 두둔한다는 이유로 귀족들의 미움을 사거나 귀족들을 두둔한다는 이유로 백성들의 미움을 사기를 원치 않았기 때문이다. 그래서 군주에 대한 직접적인 적의를 불러일으키지 않을 중립적인 기관[3]을 설치하여 귀족들을 견제하고 백성들을 보호했던 것이다. 군주와 왕국의 안전을 위해 이보다 더 신중

2 루이 9세. 1254년경 파리의 고등법원을 창설한 것으로 알려져 있다.
3 파리의 고등법원.

한 조치, 더 적절한 제도는 없다.

여기에서 또다른 중요한 교훈을 얻을 수 있다. 즉 군주는 비난받을 만한 일은 남에게 맡기고 자비를 보일 수 있는 일은 자신이 친히 해야 한다는 것이다. 다시 말하지만, 군주는 귀족들을 존중해야 하지만 그로 인해 백성들로부터 미움을 받아서는 안 된다.

로마 황제들의 사례

로마 황제들의 생애와 죽음을 검토해 본 사람들은, 지금까지 내가 제시한 견해와 반대되는 사례가 있었다며 반박할지도 모른다. 몇몇 황제들은 누구보다 훌륭한 삶을 살고 위대한 성품을 가지고 있었는데도 군인들이나 대신들의 음모로 권력을 잃거나 죽음을 당했기 때문이다.

이런 반론에 답하기 위해 나는 몇몇 황제의 성품을 검토하여, 그들이 몰락하게 된 원인이 내가 주장한 것과 모순되지 않는다는 사실을 밝히려 한다. 그와 동시에 당시의 역사를 연구하는 사람들에게 가장 중요한 요소를 제시하고자 한다. 철학자 마르쿠스 아우렐리우스 황제부터 막시미누스 황제에 이르는 동안 권좌에 올랐던 황제들을 검토하는 것만으로도 충분할 것이다. 곧 마르쿠스와 그의 아들 콤모두스, 페르티낙스, 율리아누스, 세베루스와 그의 아들 카라칼라, 마크리누스, 헬리오가발루스, 알렉산데르, 그리고 막시미누스이다.

군인들의 비위를 맞춘 로마 황제들

우선 주목해야 할 것은, 다른 군주국에서는 군주가 다만 귀족의 야심과 백성들의 무례함에 맞서기만 하면 충분했지만, 로마 황제들은 세 번째 문제에 직면해 있었다는 점이다. 즉 그들은 군인들의 잔혹함과 탐욕을 통제해야 했다. 이것은 많은 황제들을 파멸로 이끈 매우 큰 문제였다. 군인들과 백성들 양쪽을 동시에 만족시키는 일은 거의 불가능했기 때문이다. 백성들은 평화를 사랑하므로 온건한 황제를 좋아했으나, 군인들은 호전적이고 잔인하며 거만하고 탐욕스러운 군주를 택했다. 황제가 백성들을 거칠게 다루면, 군인들은 급료를 더 많이 받을 수 있고,[4] 탐욕스럽고 잔인한 자신들의 성품을 만족시킬 배출구가 될 것이기 때문이다.

그 결과, 타고난 자질이나 경험이 부족하여 백성들과 군인들을 동시에 견제할 위엄을 갖추지 못한 황제들은 언제나 몰락했다. 그리고 대부분의 황제들, 특히 새로 제위에 오른 황제들은 이 두 서로 다른 부류의 대립으로 인해 발생되는 어려움을 알고는 군인들을 만족시키려 했으며, 백성들의 피해에 대해서는 별관심을 두지 않았다.

그런 것은 그들에게는 어쩔 수 없는 조치였다. 군주는 어느 한 무리로부터 미움받는 것을 피할 수 없으므로, 일단 모든 사람들로부터 미움받는 일만큼은 피하게 된다. 만약 그것이 불가능할 경우, 전력을 기울여 가장 강한 무리로부터 미움받는 일은 피하고자 하는 것이다. 따라서 새로 황제가 된 자는 특별한

---

4 보통 받는 급료에 전리품이 포함되는 것을 뜻한다.

지지가 절실히 필요하므로, 백성들보다는 군인들의 비위를 맞추려고 했다. 그런데 이런 정책이 황제에게 얼마나 유익한 것이었는지는 군인들을 제압할 권위를 어느 정도 유지할 수 있었느냐에 따라 결정되었다.

훌륭한 성품의 황제들

마르쿠스, 페르티낙스, 그리고 알렉산데르는 온건한 성격의 군주들로서 정의를 사랑하고 잔혹함을 미워했으며 자비로운 성품을 가졌으나, 마르쿠스만 제외하고는 모두 비극적인 최후를 맞았다. 오직 마르쿠스만 명예로운 삶을 살다가 세상을 떠났는데, 그는 세습에 의해 제위를 물려받아 군인들이나 백성들의 지지에 의존할 필요가 없었기 때문이다. 게다가 그는 존경받을 만한 많은 미덕을 소유하고 있었고, 재위 기간 내내 두 세력을 잘 통제함으로써 미움을 받거나 경멸을 당하지 않았다.

그러나 페르티낙스는 군인들의 뜻에 맞지 않는 황제였다. 콤모두스 치하에서 방종한 생활에 익숙해진 군인들은 페르티낙스가 자신들을 바로잡기 위해 부과한 엄격한 군율을 견뎌내지 못했다. 그로 인해 페르티낙스는 미움을 사게 되었고, 게다가 많은 나이로 경멸까지 당해 제위에 오른 지 얼마 안 되어 피살되었다.

여기서 주목해야 할 것은, 선행도 악행과 마찬가지로 미움을 불러일으킬 수 있다는 사실이다. 앞에서 말한 것처럼, 자신의 권력을 유지하고자 하는 군주는 종종 선하게 행동하지 말 것을 강요당하게 된다. 군주가 그 지위를 유지하기 위해 의지할 필요가 있다고 판단한 계급이(그것이 백성이든 군인이든 귀족이든) 부패되어 있으면, 군주는 그들을 만족시키기 위해 그 비위를 맞추어야 한다. 그런 상황에서 선행을 한다는 것은 군주 자신에게 해가 될 따름이다.

알렉산데르의 경우를 보자. 그는 매우 청렴하고 선량한 인물로 많은 칭송을 받았다. 그는 14년간의 재위 기간 동안 정식 재판 없이는 단 한 명도 처형하지 않았다. 그런데도 그는 나약하며, 자기 어머니의 뜻에 따라 나라를 다스린다고 알려져 경멸당하게 되었고, 결국 군인들의 반란으로 피살되었다.

여우이자 사자였던 세베루스 황제

그와는 대조적이었던 콤모두스나 세베루스, 안토니누스 카라칼라, 그리고 막시무스의 성품을 살펴보자. 그들은 모두 매우 잔인하고 또 탐욕스러웠다. 그들은 군인들을 만족시키기 위해 백성들에게 온갖 비행을 저지르는 것을 주저하지 않았는데, 세베루스를 제외하고는 모두 비참한 최후를 맞았다.

세베루스는 비록 백성들을 탄압했지만, 뛰어난 능력으로 군대를 자기 편으로 끌어들였으며, 마지막까지 성공적으로 통치할 수 있었다. 그 위대한 자질 덕분에 그는 군인들과 백성들의 눈에 존경할 만한 인물로 보였다. 백성들은 경외감을 가지고 그를 바라보았으며, 군인들은 그를 존경하고 만족스러워했다. 신생 군주로서 그의 행적은 대단히 비범했다. 앞에서 군주에게 반드시 필요하다고 말한 사자와 여우의 기질을 그가 얼마나 잘 실천했는지 간단히 살펴보고자 한다.

율리아누스 황제의 무능함을 알고 있었던 세베루스는, 슬라보니아에서 친위대에 의해 살해된 페르티낙스의 복수를 위해 로마로 진격하자고 자신의 지휘하에 있던 군대를 설득했다. 그런 구실로 그는 황제가 되고 싶은 자신의 속마음을 드러내지 않고 군대를 로마로 진군시켰으며, 그 사실이 알려지기도 전에 이탈리아에 도착했다. 그가 로마에 도착하자, 겁에 질린 원로원은 그를 황제로 선출하고 율리아누스를 처형했다.

그후 세베루스는 제국 전체를 지배하기 위해 두 가지 어려움을 극복해야 했다. 그 하나는 아시아 방면 군대를 지휘하고 있던 니게르가 황제를 자칭한 일이고, 다른 하나는 서방의 알비누스 역시 제위를 넘보고 있다는 것이었다. 세베루스는 두 사람에게 동시에 전쟁을 선포하는 것은 위험하다고 판단하여, 우선 니게르만 공격하고 알비누스는 속이기로 했다.

그는 알비누스에게 편지를 보내, 원로원이 그를 황제로 추대했는데 자신은 알비누스와 그 지위를 공유하기를 원한다고 했다. 그리고 알비누스에게 카이사르의 칭호를 보내며, 원로원의 결정에 따라 그와 공동 황제가 되었다고 알렸다. 알비누스는 이 말을 진실로 받아들였다.

알비누스가 마음을 놓고 있는 사이, 세베루스는 니게르를 무찔러 죽이고 제국 동부 지역을 평정했다. 그는 로마로 회군하여 원로원에서, 알비누스가 자기가 베푼 은혜를 전혀 감사하게 여기지 않고 음모를 꾸며 자신을 살해하려 했다며 탄핵했다. 그리고 그의 배은망덕한 행위를 처벌하기 위해 부득이 출병하지 않을 수 없다고 주장했다. 그런 후에 그는 프랑스에 있던 알비누스를 공격하여 그의 지위와 생명을 빼앗았다.

세베루스의 행적을 세심하게 검토해 본 사람이라면, 그에게서 사자의 용맹스럽고 사나운 점과 여우의 교활함을 동시에 발견하게 될 것이다. 그는 모든 사람들에게 경외의 대상이 되었고 군대로부터 미움을 받지 않았다. 신생 군주로서 그런 거대한 제국을 지배할 수 있었다는 것도 별로 놀라운 일이 아니다. 그의 뛰어난 명성이 그의 잔인함과 탐욕으로 인해 백성들이 품을 수도 있었던 미움을 막아 주었기 때문이다.

카라칼라의 파멸

그의 아들인 안토니누스 카라칼라도 역시 뛰어난 성품을 지닌 인물로, 백성들로부터 칭송을 듣고 군인들에게 환대받는 인물이었다. 그는 타고난 군인으로서 어떤 어려움도 잘 견디어냈으며, 사치스러운 음식과 그 밖의 모든 나약한 것을 경멸했다. 이런 성품 때문에 그는 군인들에게서 인정받을 수 있었다. 그럼에도 불구하고 그는 일찍이 들어 본 적이 없을 정도로 포악하고 잔인한 행동을 저질렀으며, 결국 수많은 로마 주민과 알렉산드리아 주민 대부분을 살해했다. 그리하여 모든 사람으로부터 큰 미움을 사게 되었다. 측근들까지도 그를 두려워하게 되어, 마침내 그 군대의 한 백인대장에게 살해되었다.

여기에서 알 수 있듯이, 확고한 결심에 찬 한 개인에 의해 자행되는 이런 암살은 군주라고 해도 피할 길이 없다. 죽음을 대수롭지 않게 여기는 자는 누구나 군주를 죽일 수 있기 때문이다. 그러나 그런 인물은 대단히 드물기 때문에 군주는 그것을 지나치게 두려워할 필요는 없다. 다만 군주는 카라칼라의 경우에서 알 수 있는 것처럼 자기의 측근이나 신하들에게 심한 해나 모욕을 가하지 않도록 주의해야 한다.

카라칼라는 백인대장의 형제를 명예롭지 못하게 죽였으며, 그후 그 백인대장마저 지속적으로 위협하면서도 그에게 여전히 경호 업무를 맡겼던 것이다. 그것은 매우 경솔한 결정으로, 카라칼라가 파멸하게 된 결정적인 원인이 되었다.

경멸을 초래한 콤모두스

이번에는 콤모두스 황제의 경우를 살펴보자. 그는 세습에 의해 아버지인 마르쿠스로부터 제위를 물려받았기 때문에 아주 쉽게 그 자리를 유지할 수 있었다. 그는 단지 아버지의 발자취를 따르는 것만으로도 백성과 군인들을 만족시키기에 충분했을 것이다. 그러나 잔인하고 흉포한 성격의 소유자였던 그는 자신의 탐욕을 충족시키기 위해 백성들을 제물로 삼았고, 군인의 비위를 맞추어 결국 그들을 방종하게 만들었다. 그는 또한 황제로서의 위엄을 생각하지 않고 종종 경기장에 내려가 검투사들과 대결했다. 그 밖에도 황제의 신분에 어울리지 않는 일들을 많이 저질러 군인들에게 경멸을 받게 되었다. 백성들에게는 미움을, 군인들에게는 경멸을 받았던 그는 결국 음모에 의해 살해되었다.

조롱당한 막시미누스

이제 끝으로 막시미누스의 성격에 대해 살펴보자. 그는 지극히 호전적인 인물이었는데, 앞서 말한 것처럼 군인들은 알렉산데르의 나약한 성품을 싫어했기 때문에, 그가 죽자 막시미누스를 황제로 추대했다. 그러나 그는 두 가지 일로 미움과 경멸의 대상이 되어 그 지위를 오래 지키지 못했다. 그중 하나는 미천한 신분 출신이라는 점이었는데, 그는 한때 트라키아 지방의 목동이었다는 사실이 모든 사람에게 알려져 경멸당했다. 다른 하나는 그가 통치 초기에 로마로 가서 황제의 자리에 오르는 일을 늦추었다는 점이다. 이런 지연으로 인해 그는 잔인무도하다는 평판을 듣게 되었다. 왜냐하면 그의 지방장관들이 로마뿐 아니라 제국의 각지에서 그의 명령을 수행하면서 수많은 잔혹 행위를 저질렀기 때문이다.

그 결과 모든 사람이 그의 미천한 혈통에 대해 경멸을 나타냈고, 또 그의 잔인성에 두려움을 일으켰다. 그리하여 먼저 아프리카에서, 뒤이어 로마의 원로원과 시민들이 들고 일어났으며, 마침내 이탈리아 전체가 그에게 반기를 들었다. 이 반란에는 황제의 군대까지도 가담했다. 그때 군사들은 아퀼레이아를 포위한 채 공격하고 있었는데, 그곳을 점령하는 데 많은 어려움을 겪었다. 그렇지 않아도 황제의 잔인성에 싫증이 난 상태였던 그들은 황제에게 반기를 든 사람이 많다는 사실을 알고 마침내 그를 살해하고 말았다.

헬리오가발루스나 마크리누스, 그리고 율리아누스에 대해서는 말하지 않겠다. 그들은 모두 철저하게 경멸당했으며, 그로 인해 제위에 오르자마자 살해되었기 때문이다.

군인들을 만족시키는 일

우리 시대의 군주들은 자신들의 군대에 만족을 주기 위해 폭력적이고 불법적인 방법을 동원해야 할 필요가 거의 없다고 생각한다. 어느 정도는 군인들에게 관심을 기울여야 하지만, 그런 문제는 쉽게 해결된다. 왜냐하면 오늘날의 군주들은 로마 제국 군대처럼 오랫동안 한 지역에 주둔하면서 그곳을 지배하고 행정 업무를 관장하는 군대를 거느리고 있지 않기 때문이다. 로마 시대에는 백성들보다 군사들을 더 만족시켜야 할 필요가 있었는데, 그 이유는 군사들이 더 강력한 세력이었기 때문이다.

오늘날에는 백성들이 훨씬 영향력이 있고 강력하므로, 투르크와 이집트의 술탄을 제외한 군주들은 군사들보다 백성들을 만족시키는 일이 더욱 필요하다. 투르크의 술탄을 제외한 이유는, 그 주위에 항상 1만 2천 명의 보병과 1만 5천 명의 기병을 거느린 채[5] 그들에게 왕국의 안전과 세력을 의지하고 있기 때문이다.

그러므로 그는 그 어떤 세력보다 그들과 좋은 관계를 유지해야 한다. 이와 마찬가지로 이집트의 술탄 왕국도 전적으로 군대의 통제하에 있으므로, 그 역시 백성들에 대한 배려 없이 군인들을 우호세력으로 삼아야 한다.

---

5 터키의 옛날 근위대(janissaries).

술탄의 지배체제

그러나 술탄의 국가는 다른 모든 군주국들과 전혀 다르다는 점에 주의해야 한다. 즉 신생 군주국으로도 세습 군주국으로도 부를 수 없는 교황제도와 비슷하다. 왜냐하면 이전 군주의 아들들이 그 상속자로서 왕위를 잇는 것이 아니라 선거권을 가진 사람들에 의해 선출된 자가 왕위에 오르기 때문이다.

이것은 예로부터 내려오는 제도이고, 신생 군주국이 부닥치게 되는 어려움이 전혀 발견되지 않기 때문에, 그 나라를 신생 군주국이라고 부를 수도 없다. 비록 군주는 새롭더라도 국가의 제도는 오래된 것이고, 선출된 군주를 마치 세습 군주처럼 받아들이기 때문이다.

새로운 시대 새로운 모범

다시 본론으로 돌아가서 지금까지 다룬 문제들을 주의 깊게 살펴보면, 여러 황제들의 파멸의 원인이 미움과 경멸임을 알 수 있을 것이다. 또한 그 황제들 중 일부는 이런 식으로, 일부는 그와 전혀 다른 식으로 처신했는데, 각 그룹에서 한 황제만 행복한 최후를 맞았고 나머지는 모두 불행한 최후를 맞았음을 알 수 있을 것이다.

페르티낙스와 알렉산데르는 신생 군주였으므로, 세습 군주인 마르쿠스를 모방했던 것은 백해무익했다. 마찬가지로 카라칼라, 콤모두스, 막시미누스가 세베루스를 모방하려고 했던 것도 결정적인 실수였다. 그들은 세베루스의 행적을 따라갈 만한 자질이 부족했기 때문이다. 따라서 신생 군주는 마르쿠스의 행적을 모방할 필요가 없고 세베루스의 행적을 모방할 필요도 없다. 그 대신 세베루스로부터는 권력을 쥐는 데 필요한 조치를 배우고, 마르쿠스로부터는 일단 권력을 쥔 다음 안정적으로 국가를 유지하는 데 필요한 조치를 배워 영광을 누려야 할 것이다.

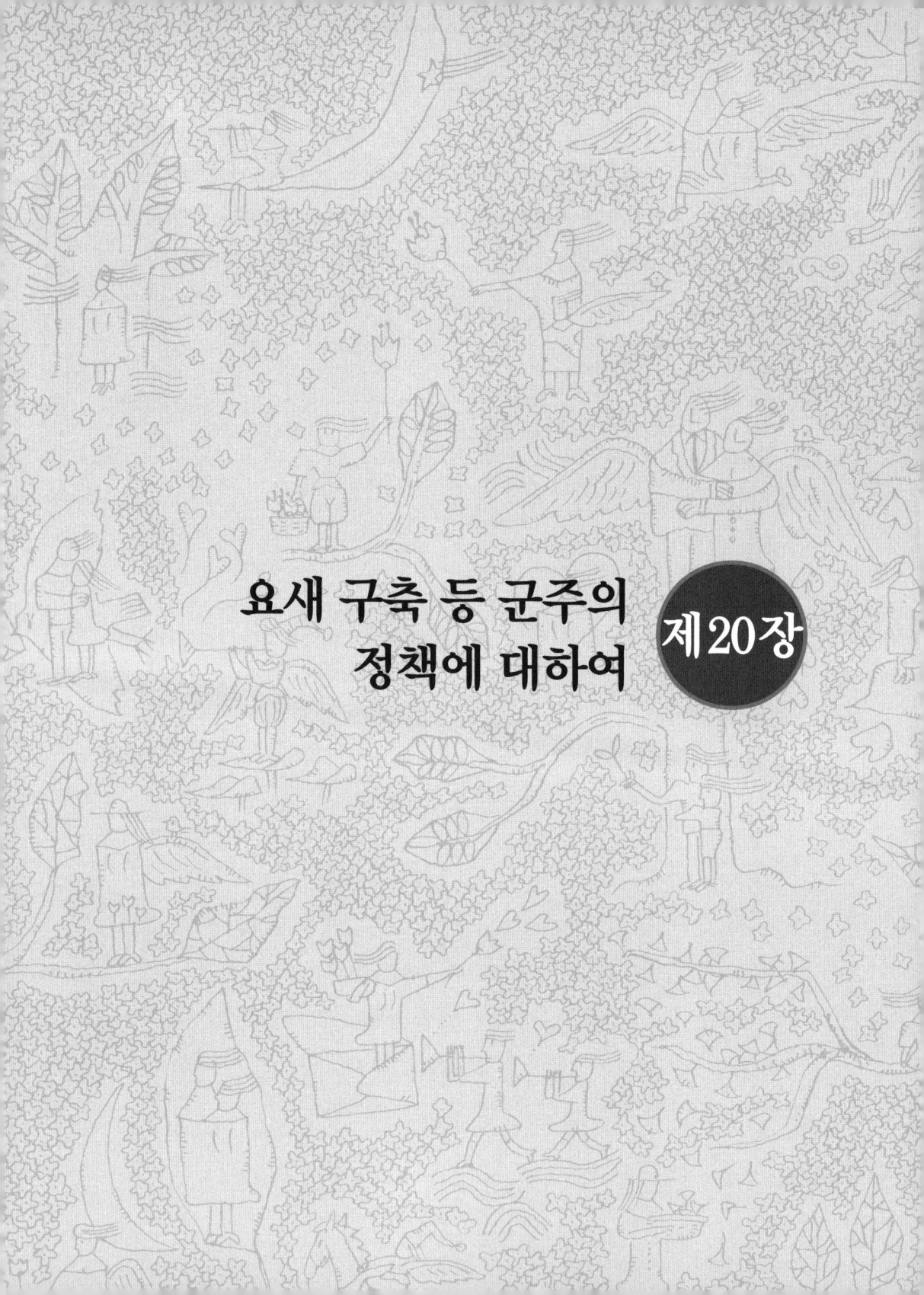

요새 구축 등 군주의 정책에 대하여

제20장

군주의 다양한 정책

국가를 보다 안정적으로 통치하기 위해 어떤 군주들은 신민들의 무장을 해제시키고, 어떤 군주들은 자기가 점령한 도시에서 당파간의 분열을 꾀하기도 했다. 또 어떤 군주들은 자신들에 대한 반감과 적개심을 부추기고, 어떤 군주들은 통치 초기에 의심스러운 사람들을 자기 편으로 회유했다. 그리고 어떤 군주들은 요새를 쌓기도 하고, 어떤 군주들은 요새를 파괴하기도 했다.

이런 조치들을 취할 수밖에 없었던 각 국가의 특수성을 일일이 검토하지 않고 그 자체만 가지고 확실한 판단을 내리기는 어렵다. 그러나 가능하면 문제의 본질에서 벗어나지 않는 범위 내에서 가장 일반적인 논의를 하도록 하겠다.

신생 군주의 군사력

아직껏 신생 군주가 신민들의 무장을 해제시킨 경우는 없었다. 그와는 반대로 신민들이 무장하고 있지 않으면 무기를 제공했다. 왜냐하면 그렇게 하여 이루어진 무력은 군주의 것이 되기 때문이다. 군주가 의심했던 자들은 충성을 바치게 되며, 본래 충성스러웠던 자들은 계속 충성을 바칠 것이며, 신민들은 확고하게 군주를 추종하는 세력이 될 것이다.

모든 신민들을 무장시킬 수는 없다 할지라도, 무장시킨 자들을 특별히 대우하면 그 나머지는 편하게 다룰 수 있다. 이렇게 차별대우를 하면 무장한 자들은 군주에게 더욱 충성하게 되고, 무장을 하지 않은 자들은 보다 위험하고 어려운 일을 맡은 자들이 우대받는 것은 당연하다고 생각하여 군주를 이해하게 될 것이다.

그러나 군주가 신민들의 무장을 해제시킨다면, 그들의 감정을 상하게 한 셈이 된다. 왜냐하면 군주가 비겁하거나 의심이 많아 그들을 불신하고 있음을 드러낸 것으로 보기 때문이다. 그것은 군주에 대한 미움을 불러일으킨다. 군사력 없이는 자신을 방어할 수 없기 때문에 군주는 부득이 앞서 말한 바 있는 그런 용병에 의지하게 된다. 설령 용병이 훌륭하다 해도 강력한 적이나 군주를 불신하는 신민들로부터 군주를 지켜 줄 만큼 강하지는 못하다. 그러므로 이미 말한 것처럼 신생 군주국의 새로운 군주는 언제나 신민들을 무장시켰다. 그런 실례는 역사 속에 수없이 많다.

복합 군주국의 군사정책

그러나 군주가 새로운 국가를 본래의 국가의 일부로 병합했을 경우, 그 과정에서 병합을 도운 자들을 제외하고는 모두 무장을 해제시키지 않으면 안 된다. 그리고 병합을 도운 자들에 대해서도 기회를 보아 적절한 시기에 그 세력을 약화시키도록 해야 하며, 병합된 국가의 무력은 군주가 본래 지배하던 국가의 군대에 집중되도록 조치를 취해야 한다.

우리의 선조들이나 현자(賢者)로서 존경받았던 사람들은, 피스토이아는 파벌을 조장해서 다스리고, 피사는 요새를 지어 다스려야 한다고 말하곤 했다. 이런 생각에 따라 그들은 많은 속국을 적은 노력으로 유지하기 위해 분열을 조장했다. 이 정책은 이탈리아가 어느 정도 세력의 균형을 유지하고 있던 시대에는 추구할 만한 것이었지만, 오늘날에는 일반적 법칙으로 권장하기는 불가능한 듯하다. 분열 정책이 효과적이라고 생각하지 않기 때문이다. 오히려 분열된 도시는 적의 공격을 받으면 쉽게 무너지고 만다. 약한 파벌은 언제나 침략자의 편을 들게 되고, 다른 파벌은 독자적으로 대항할 만큼 힘이 없기 때문이다.

앞에서 설명한 이유에 의해 베네치아인들은 자신들의 지배하에 있는 여러 도시에 겔프파와 기벨린파라는 두 파벌을 조성했다.[1] 베네치아인들은 두 파벌 사이에 유혈 비극이 일어나는 것은 허용하지 않았지만, 교묘하게 불화를 조장했다. 이는 시민들이 파벌 싸움에 몰두하여 자기들에게 반항하지 못하도록 하기 위해서였다. 그러나 이미 알고 있듯이 이 정책은 베네치아인들에게 이익이 되지 못했다. 베네치아가 바일라에서 패배한 후 도시의 일부 파벌들이 대담하게 반란을 일으켜 베네치아의 모든 영토를 빼앗았던 것이다.

---

1 겔프파는 교황 편, 기벨린파는 황제 편이었다.

이런 분열정책은 군주의 세력이 약하다는 것을 나타낸다. 강력한 군주국이라면 그런 분열은 결코 허용되지 않는다. 그런 분열정책은 평화시에는 속국의 백성들을 쉽게 다룰 수 있게 해 주지만, 막상 전쟁이 일어나면 그 결함을 드러낼 수밖에 없다.

위대한 군주는 시련으로 만들어진다

군주는 모든 시련과 장애를 극복함으로써 위대해진다는 것은 의문의 여지가 없는 사실이다. 그래서 운명의 여신은 세습 군주보다 명성을 얻어야 할 필요가 더 절실한 신생 군주를 위대하게 만들기 위해 적을 일으키고 그를 공격하게 한다. 그 결과 신생 군주는 적을 제압하고, 적이 사다리를 놓아 준 것처럼 명성의 고지에 오를 수 있게 된다. 그래서 현명한 군주는 기회가 있을 때마다 일정한 지역에 교묘하게 적대적인 세력의 형성을 조장하고, 그 세력을 격파함으로써 자신의 명성과 권력이 더욱 증대되는 것이라고 생각하는 사람들이 많다.

적대적인 인물의 충성

군주는, 그중에서도 특히 신생 군주는 통치 초기에 신뢰하던 사람들보다 의심스럽게 여겼던 사람들이 보다 충성심이 강하고 또 많은 도움이 된다는 것을 발견하게 된다. 시에나의 군주였던 판돌포 페트루치는 한때 다른 모든 사람들보다 의심스럽게 여겼던 사람들의 도움으로 나라를 잘 다스릴 수 있었다.

그러나 인간과 상황의 변화에 따라 다르므로 이런 것을 일반화하기는 어렵다. 다만 이렇게 말할 수는 있다. 즉 군주는 통치 초기에는 적대적이었지만 자신들의 힘만으로 세력을 유지할 만큼 충분히 강하지 못한 사람들은 쉽게 자기 편으로 끌어들일 수 있다는 것이다. 그리고 그들 역시 군주에게 한층 더 충직하게 봉사하게 된다. 군주가 자신들에 대해 품고 있는 불리한 초기의 인상을 지워야 한다는 것을 알고 있기 때문이다. 따라서 군주는 자신의 지위가 확고하다고 느낌으로써 군주의 일을 게을리하는 측근들보다 그런 인물들로부터 항상 더 많은 도움을 받을 수 있다는 점을 알게 될 것이다.

옛 통치에 불만을 품었던 자들은 새로운 통치에도 불만을 품는다

이 문제와 관련해 반드시 짚고 넘어가야 할 중대한 문제가 있다. 즉 그 지역 주민들의 도움을 받아 권력을 잡은 신생 군주라면, 그들이 어떤 이유로 자신에게 그런 호의를 보였는지 잘 생각해 보아야 한다는 것이다. 만일 새로운 군주에 대한 순수한 호의가 아니라 단지 이전 정권에 대한 불만이 있어 도와준 것이라면, 그들을 우호세력으로 잡아두기가 매우 어렵고 힘들 것이다. 왜냐하면 신생 군주 역시 그들을 만족시키는 일이 힘들기 때문이다.

옛날과 지금의 실례를 통해 그 이유를 검토해 보면, 단지 이전 정권에 대한 불만으로 신생 군주에게 도움을 주었던 자들보다 이전 정권에 만족했기 때문에 신생 군주를 적대시하는 자들을 우호세력으로 만드는 편이 훨씬 쉽다는 것을 알 수 있다.

요새 구축은 상황에 따라 이해가 달라진다

군주는 권력을 더욱 안정시킬 생각으로 흔히 요새를 구축해 왔다. 요새는 군주에 대한 반란을 꾀하려는 자들에 대한 방어용으로 쓰일 수도 있고, 또 갑작스런 공격에 대한 안전한 피난처 역할을 할 수도 있다. 이것은 옛날부터 행해져 온 일이므로 매우 좋은 수단임을 인정할 수 있다.

그런데도 우리 시대의 니콜로 비텔리는 그 통치를 위해 치타 디 카스티야에 있는 두 개의 요새를 파괴하는 것이 현명한 일이라고 생각했다.[2] 또 우르비노의 공작 구이도 우발도는 체사레 보르자에 의해 추방되었으나, 그 영지를 되찾자마자[3] 그 지역 안에 있던 요새들을 다 허물어 버렸다. 요새가 없으면 두 번 다시 나라를 빼앗기지 않을 것이라고 판단했던 것이다. 벤티볼리오 가문 사람들도 볼로냐를 되찾게 되었을 때[4] 같은 일을 했다.

요새는 상황에 따라 이롭기도 하고 해롭기도 하다. 어떤 면에서는 군주에게 유용하기도 하지만, 다른 면에서는 해를 끼치기도 하는 것이다. 이 문제는 다

[2] 니콜로 비텔리는 1474년 카스티야에서 교황 식스투스 4세를 대행하던 추기경 로베레(후에 율리우스 2세)에게 추방되었다가, 1482년에 돌아와 교황이 건설한 두 개의 요새를 파괴했다.
[3] 구이도 우발도를 말한다. 1502년 6월, 1503년 1월 두 차례나 군주의 지위에서 쫓겨나 베네치아로 도망갔는데, 1503년 8월 알렉산데르 6세가 죽은 후 마침내 우르비노를 되찾았다.
[4] 1506년 율리우스 2세에 의해 볼로냐로부터 쫓겨난 조반니 벤티볼리오의 후예들은 1511년 볼로냐를 되찾았다. 그들은 곧 율리우스가 포르타 갈리에라에 구축한 요새를 파괴해 버렸다.

음과 같이 정리할 수 있다. 즉 외세보다 자기 백성들을 더 두려워하는 군주라면 요새를 쌓지 않으면 안 된다. 그러나 자기 백성보다 외세를 더 두려워하는 군주는 요새를 쌓으면 안 된다.

군주에게 최선의 요새는 백성

프란체스코 스포르차가 건설한 밀라노의 성벽은 스포르차 가문에게는 그 나라에서 일어난 다른 어떤 분쟁보다 더 위험한 것이었으며, 앞으로도 그럴 것이다. 따라서 군주가 가질 수 있는 최선의 요새는 백성들의 미움을 사지 않는 것이다.

만일 군주가 요새를 가지고 있다 해도 백성들로부터 미움을 받게 되면 그것은 아무 소용이 없다. 왜냐하면 백성들이 무기를 잡고 일어서면 반드시 그들을 지원할 외세가 나타나기 때문이다.

최근의 예를 살펴보면, 요새가 어떤 군주에게 도움이 된 적은 없다. 예외가 있다면 지롤라모 백작이 암살된 후 그의 부인인 포를리 백작부인이 겪은 경우 정도이다. 포를리 백작부인은 요새에서 반란자들의 습격을 피했고, 거기서 밀라노로부터의 원군[5]을 기다려 다시 그 지위를 회복할 수 있었다.

그 당시의 상황으로는 백성들이 어떤 외세의 지원도 받을 수 없었다. 그러나 나중에 체사레 보르자가 공격해 오고 적개심에 찬 백성들이 그들에게 합세

---

[5] 실질적인 지배자이자 그녀의 숙부인 루도비코가 보낸 원군.

하자, 그 요새는 그녀에게 아무 도움이 되지 못했다.[6] 따라서 두 경우로 미루어볼 때, 요새를 가지는 것보다 백성들의 미움을 사지 않는 편이 그녀에게는 훨씬 안전했을 것이다.

　이런 모든 문제를 고찰해 볼 때, 요새를 쌓는 군주나 쌓지 않는 군주나 다 칭찬을 받아야 할 것이다. 그러나 요새를 지나치게 믿고 백성들의 미움을 사는 것을 개의치 않는 군주는 비난받아 마땅하다.

---

[6] 1499년 12월 15일 카테리나의 신민들이 반란을 일으키자 포를리 백작부인은 요새로 피신했다. 체사레 보르자가 그곳에 도착한 것은 12월 19일인데, 그는 요새를 공격하여 1월 12일 함락시켰다.

명성을 얻기 위한 군주의 처신에 대하여

제21장

훌륭한 업적으로 명성을 얻은 페르난도 왕

훌륭한 업적을 쌓는 것보다 군주의 명성을 위대하게 만드는 것은 없다. 우리 시대에는 에스파냐의 왕인 아라곤 가의 페르난도를 그 예로 들 수 있다. 그는 거의 신생 군주라고 할 수 있다. 왕위에 오를 당시 가장 보잘것없는 나라의 군주[1]로 시작했으나, 기독교 세계에서 가장 유명한 왕이 되는 영광을 차지했기 때문이다. 그가 이룬 업적들을 살펴보면, 모두 위대하며 어떤 것은 비범하기까지 했다. 그는 통치 초기에 그라나다를 공격했고, 그 전쟁을 통해 국가의 기초를 튼튼하게 쌓았다.

그는 무엇보다 나라 안이 안정되고 반대를 무릅쓰지 않아도 될 시기에 전쟁을 시작했다. 그는 카스티야의 제후들로 하여금 전쟁에만 온 신경을 집중하게 했으므로, 그들은 새로운 제도들에 대해서는 생각할 여유가 없었다. 그러는 사이에 그는 명성을 얻었고, 그들에 대한 지배권을 확실하게 했다. 그는 교회[2]와 백성들에게서 받은 돈으로 군대를 유지했으며, 장기간에 걸친 전쟁을 통해

---

[1] 페르난도는 1479년 카스티야의 왕이 되기 전에는 아라곤의 왕에 지나지 않았다.
[2] 회교도 왕국을 상대로 한 그 전쟁은 일종의 성전(聖戰)으로 간주되었다.

나중에 그에게 명예를 가져다 준 강력한 군대를 양성할 수 있었다. 더 나아가 그는 더 큰 전쟁을 수행하기 위해 항상 종교를 구실로 자신을 보호하면서, 이른바 경건한 정책을 통해 무어인들을 그의 왕국에서 추방하고, 죽였다.

이것은 확실히 놀랍고도 그 유례를 찾아볼 수 없는 경우다. 같은 명분을 내세워 그는 아프리카를 공격했으며, 이탈리아를 침략했고, 마침내 프랑스까지 공격했다. 이런 식으로 그는 언제나 위대한 계획을 세우고 실행하느라 바빴으며, 그로 인해 그의 신민들은 불안 속에 놀라워하며 사태를 관심있게 지켜보았다. 그는 그런 식으로 끊임없이 일을 수행했으므로, 어느 누구도 그에 대한 반란을 꾀할 시간과 여유가 없었다.

또한 군주가 국내 문제를 처리하는 데 있어서, 예를 들어 밀라노의 군주인 베르나보 공작처럼 비범한 능력을 보이는 것도 큰 도움이 될 것이다. 그는 백성들 가운데 누군가 (좋은 일이건 나쁜 일이건) 어떤 특별한 일을 했을 경우, 그 사람을 반드시 찾아내어 상을 주거나 처벌을 하여 사람들 사이에 여론이 형성되도록 했다. 무엇보다도 군주는 모든 일에 자신이야말로 비범한 능력을 지닌 위대한 인물이라는 평판을 얻도록 노력하지 않으면 안 된다.

적을 만드는 중립

군주는 자신이 참된 동맹인지 아니면 공공연한 적인지, 다시 말해 자신이 좋아하고 싫어하는 편을 망설이지 않고 분명히 밝힐 때 존경을 받는다. 이런 정책은 중립적 입장을 취하는 것보다 언제나 더 낫다. 이웃의 강력한 두 세력이 전쟁을 할 경우, 어느 한쪽이 승리하게 되면 그 승자는 군주에게 위협이 될 수도 있고 그렇지 않을 수도 있다. 어떤 경우든 군주는 자신의 입장을 명확하게 밝히고 당당히 그 편에 서서 싸우는 것이 유리하다. 자신의 입장을 명확하게 밝히지 않았을 경우, 승자의 희생물이 되고 패자에게는 만족과 기쁨을 주게 될 것이다. 그리고 둘 중 어느 한쪽에 자신을 보호하거나 도와 달라고 할 명분도 잃게 된다. 왜냐하면 승자는 자신이 곤경에 빠졌을 때 도움이 되지 않은 믿을 수 없는 동맹을 원치 않고, 또 패자는 군사적으로 지원함으로써 자기와 운명을 함께하지 않았던 자에게 어떤 호의도 베풀지 않을 것이기 때문이다.

안티오코스가 아이톨리아인의 요청에 따라 로마인들을 몰아내기 위해 그리스로 진격한 적이 있다. 안티오코스는 로마인들 편이던 아카이아에 사절을 보내 중립을 지켜 달라고 요구했다. 그 반면 로마인들은 자기들 편이 되어 무기를 들고 싸워 줄 것을 제의했다. 아카이아의 평의회에서는 중립을 지켜 달라는 안티오코스 사절의 요구에 대해 토론을 벌였다. 이에 대해 로마군의 사절은 다음과 같이 말했다.

"이 전쟁에 개입하지 말아 달라는 그들의 요구는 그 어떤 것보다 당신들의 이익에 반하는 일이 될 것이다. 왜냐하면 중립을 지킴으로써 당신들은 호의도 명성도 얻지 못한 채 다만 승자의 제물이 될 테니까."

명확한 동맹이 유리한 까닭

이와 같이 우방이 아닌 경우에는 언제나 중립을 요구하는 반면, 우방은 무기를 들고 함께 싸워 줄 것을 요구한다. 결단력 없는 군주는 일반적으로 당장의 위험을 피하기 위해 중립을 택하지만, 대부분의 경우 이는 파멸의 원인이 된다.

만약 어느 한쪽을 분명하게 지원하여 그 편이 승리했다고 하자. 비록 그가 강력한 세력을 갖추어 그 처분만 바라게 된 형편이지만, 승자는 신세를 졌으므로 둘 사이에는 우호관계가 성립된다. 인간이란 이런 상황에서 배은망덕하게 자기를 도운 사람을 공격할 만큼 파렴치한 존재는 아니다. 또한 승자가 제멋대로 행동해도 될 만큼, 특히 정의조차 무시할 수 있을 만큼 완벽한 승리는 없는 법이다.

그러나 설령 지지한 편이 패했다 하더라도, 그는 자신을 도와준 군주를 항상 호의적으로 대할 것이고, 또 가능한 한 도우려 할 것이다. 그리하여 언젠가는 재기할 수 있는 운명을 함께 개척할 수 있는 동맹이 될 것이다.

두 번째 경우, 즉 교전 당사자가 둘 다 약해서 어느 편이 이기든 위협이 될 수 없을 때에도 역시 그 전쟁에 개입하는 것이 더 현명한 정책이다. 왜냐하면 다른 군주의 도움을 받아 다른 한 군주를 몰락시키는 셈이 되기 때문이다. 만약 그 군주가 현명한 인물이라면 자신의 적을 살려둘 것이다. 도움이 있어 이겼기 때문에, 그는 도움을 준 군주의 위력 아래 남아 있게 된다.

모든 정책에 따르는 변수

여기서 군주는 앞에서 말한 대로, 어쩔 수 없는 상황이 아니면 결코 다른 국가를 공격하기 위해 자기보다 강한 자와 손을 잡아서는 안 된다. 만약 승리하게 되면, 그 강한 자의 수중에 들어갈 것이기 때문이다. 모름지기 군주는 최선을 다해 다른 사람의 처분에 맡겨지는 일을 피해야 한다. 베네치아인들은 밀라노 공작에 대항하기 위해 프랑스와 동맹을 맺었는데, 그들은 피할 수 있었던 이 동맹으로 인해 몰락하고 말았다. 그러나 교황과 에스파냐 왕이 롬바르디아를 공격했을 때의 피렌체처럼 동맹을 맺을 수밖에 없는 상황이라면, 앞에서 말한 이유에 따라 군주는 어느 쪽이든 편들지 않으면 안 된다.

어떤 국가나 항상 안전한 정책을 선택할 수 있다고 믿어서는 안 된다. 오히려 모든 정책에는 위험이 따른다고 생각해야 한다. 사물의 이치로 보아, 하나의 위험을 피하려 하면 다른 위험에 직면하기 때문이다. 따라서 신중한 사람은 위험의 정체를 파악하여, 가장 피해가 적은 쪽을 더 나은 정책으로 선택해야 한다.

군주는 백성을 소중히 여기는 모습을 보여야 한다

또한 군주는 재능[3]있는 자들을 아끼고 재주가 뛰어난 자를 우대한다는 것을

---

3 여기서는 주로 예술적·문학적 재능을 말한다.

과시해야 한다. 더 나아가 상업과 농업 및 그 밖의 분야에서 평화롭고 안전하게 생업에 종사할 수 있도록 권장해야 한다. 그들이 약탈이 두려워 재산 불리는 것을 망설이거나, 부과될 세금이 무서워 상거래를 못하는 일이 없도록 해야 한다. 오히려 어떤 방법으로든 그의 도시나 국가의 위대함에 기여하려 하는 자들에게 보상을 해 주어야 한다.

그 밖에도 일년 중 적절한 시기에 축제나 구경거리를 만들어 백성들을 즐겁게 해 주어야 한다. 그리고 모든 도시는 길드나 씨족집단으로 나누어져 있기 때문에, 군주는 그런 집단에 대해 적절한 관심을 표해야 하고, 이따금 그들의 모임에 친히 참석하여 자비로움과 관대함의 모범을 보여주어야 한다. 그러나 어떤 경우라도 결코 군주다운 위엄이 훼손되어서는 안 되므로, 이를 지키려면 언제나 신경을 써야 한다.[4]

---

[4] 콤모두스, 막시미누스 등 로마의 몇몇 황제는 군주다운 위엄을 보존하는 데 실패했다.

군주의 측근들 제22장

군주의 지혜는 그 측근의 선택에서 드러난다

군주에게 있어 측근을 선택하는 일은 대단히 중요한 문제이다. 그들이 훌륭한지 어떤지는 군주의 지혜에 따라 결정된다. 따라서 군주가 어느 정도 현명한지 가장 쉽게 알 수 있는 방법은 그 주변에 있는 사람들을 살펴보면 된다.

그들이 유능하고 충성스럽다면, 그 군주는 현명하다고 평가할 수 있다. 왜냐하면 군주는 측근들의 재능을 파악하고 그들이 충성을 바치도록 하는 능력이 있기 때문이다. 그러나 그 반대의 경우라면 군주에 대해 좋은 평가를 내릴 수 없다. 그 군주의 가장 중대한 실수는 그런 사람들을 잘못 뽑은 것이기 때문이다.

시에나의 군주 판돌포 페트루치의 측근인 베나프로의 안토니오[1]에 대해 아는 사람이라면, 그를 측근으로 거느리고 있다는 사실만으로 판돌포를 매우 유능한 통치자로 평가할 것이다.

---

[1] 1459년 베나프로에서 태어난 안토니오 조르다니는 페트루치가 가장 신임하는 신하 중 한 명이었다.

대개 인간의 지능에는 세 종류가 있다. 첫번째 부류는 사물의 이치를 스스로 이해하고, 두 번째 부류는 남이 이야기하는 것을 듣고 이해하며, 세 번째 부류는 스스로 이해하지도 못하고 남이 이야기하는 것을 듣고도 이해하지 못한다. 첫번째 부류가 가장 우수하고, 두 번째 부류는 우수하며, 세 번째 부류는 쓸모없는 경우라 할 수 있다.

판돌포의 지적 능력은 첫번째 부류는 아니라도, 분명히 두 번째 부류에는 들어간다는 것을 인정하지 않으면 안 된다. 왜냐하면 군주가 다른 사람의 말과 행동을 통해 옳고 그름을 가려낼 수 있다면(비록 재능은 부족하다 하더라도), 측근의 현명한 행동과 어리석은 행동을 분별하여 옳은 것은 권장하고 그른 것은 고칠 수 있기 때문이다. 또한 측근도 그런 군주를 속일 수 없다는 것을 알기 때문에 올바르게 처신할 것이다.

측근의 윤리

군주가 측근의 사람됨을 분별하는 가장 확실한 방법이 있다. 만약 측근이 군주보다는 자기 자신의 일에 더 마음을 쓰고 또 매사에 자신의 이익만 추구한다면, 그는 결코 좋은 측근이 될 수 없고, 군주는 그를 절대로 신뢰할 수 없다. 군주로부터 국가의 일을 위임받은 자는, 절대로 그 자신의 일이 아니라 군주에 대해서만 생각해야 하기 때문이다. 그리고 직접적으로 군주와 관련이 없는 일에 대해서는 결코 관심을 가져서는 안 되기 때문이다.

그 반면에 군주는 측근의 충성심을 유지시키기 위해 그를 우대하고, 생활을 풍족하게 해주며, 자기 곁에 가까이 두고 관직이나 작위와 더불어 명예도 나누어주는 등 배려를 아끼지 말아야 한다. 그러면 그는 군주의 도움 없이는 자신이 존재할 수 없다는 것을 알게 되며, 넉넉한 재산이 있으므로 더 많은 부(富)를 욕심내지 않게 되며, 자신에게 주어진 많은 임무들로 인해 변화를 두려워하게 되는 것이다.

측근과 군주가 그런 관계를 유지한다면 서로 신뢰할 수 있게 되지만, 그 반대일 경우에는 그들 중 어느 한쪽이 항상 불행한 결과를 맞게 될 것이다.

아첨꾼을 피하는 방법 제23장

사람들은 현명한 군주에게 진실을 말한다

군주가 현명하지 못하거나, 인물을 고르는 데 능숙하지 못할 경우 저지르기 쉬운 실수가 있는데, 대단히 중요하므로 논의하지 않고 넘어갈 수 없다. 이는 바로 조정에서 흔히 발견할 수 있는 아첨꾼들에 관한 문제이다.

사람이란 자신과 관련된 문제에서 자만심이 강하고 자기기만에 빠지기 쉬우므로, 아첨이라는 질병으로부터 자신을 지켜내지 못한다. 그리고 아첨꾼들로부터 자신을 보호하려고 하면 경멸을 당하게 될 위험이 있다.

아첨으로부터 자신을 보호하는 방법은 오직 군주가 진실을 듣더라도 화내지 않는다는 것을 사람들에게 알리는 것 이외에는 없다. 그러나 모든 사람이 군주에게 진실을 말할 수 있다면 군주에 대한 존경심은 사라지고 말 것이다.

따라서 현명한 군주라면 다른 방도를 택해야 한다. 사려 깊은 몇 사람을 선택하여 그들에게만 진실을 이야기할 수 있도록 하되, 그것도 군주가 요청할 경우에 한하며 그렇지 않을 때는 절대로 말하지 못하게 한다.

그러나 군주는 그들에게 모든 문제에 관해 묻고, 그들이 말하는 것을 들은 후에 스스로 생각하고 판단해야 한다. 나아가 군주는 조언자들에게 그들의 충고가 솔직하면 솔직할수록 더욱 인정받는다고 믿을 수 있도록 처신해야 한다. 또한 군주는 그들 이외에는 누구의 말도 들어서는 안 되며, 일단 결정한 것은 반드시 따라야 하고, 자신의 결정에 대해 확신을 보여야 한다. 이와 같이 처신하지 않는다면, 아첨꾼들에 의해 몰락하거나, 아니면 상반된 조언들에 따라 결정을 자주 바꿈으로써 존경을 잃게 된다.

조언을 듣지 않는 막시밀리안 황제

이 문제와 관련하여 최근의 사례를 들겠다. 지금의 황제 막시밀리안의 조언자인 루카 신부는, 황제가 지금까지 아무에게도 조언을 구하지 않았고, 그렇다고 결코 자신이 원하는 대로 행동한 적도 없다고 말했다. 이것은 앞에서 내가 충고한 것과 상반되는 입장을 취한 결과이다. 황제는 은밀한 성격의 소유자여서, 어느 누구에게도 자신의 계획을 알리지 않았으며, 또한 그들의 조언을 구하지 않는다.

그러나 황제의 계획들은 실행됨에 따라 서서히 알려지고, 측근들은 그 계획을 비판하기 시작한다. 그러면 귀가 얇은 군주는 그 계획을 간단히 포기하고 만다. 그리하여 오늘 명령한 것이 다음날 취소된다. 그 결과, 아무도 황제의 의도와 그 원하는 바를 확인할 수 없으며, 따라서 그 누구도 그의 결정을 신뢰할 수 없게 된다.

현명한 군주는 조언을 구한다

그러므로 군주는 언제나 조언을 구해야 하지만, 다른 사람이 아닌 자신이 원할 때 들어야 한다. 군주가 요구하지 않은 문제에 대한 조언은 결코 받아들여서는 안 된다. 그러나 군주는 정보와 의견을 구하고, 또 자신이 요구한 문제의 조언에 대해서는 참을성 있게 귀를 기울여야 한다. 그리고 무슨 이유에서든 자신에게 진실을 이야기하지 않는 것을 알게 되면, 그는 노여움을 나타내야 한다.

훌륭한 조언은 현명한 군주로부터

어떤 군주가 현명하다는 평판을 듣는 것은 그 자신의 자질 때문이 아니라 그 주변의 조언자들이 훌륭하기 때문이라고 생각하는 이들이 많은데, 이는 분명히 잘못 알고 있는 것이다. 왜냐하면 현명하지 못한 군주는 다른 사람의 조언을 받아들일 수 없다는 것은 너무도 명백한 사실이기 때문이다. 군주가 우연히 극히 사려 깊은 어느 한 인물에게 자신을 전적으로 맡겨 버리는 경우는 예외이다. 그 경우 군주는 훌륭한 조언을 들을 수 있겠지만, 그는 곧 군주에게서 나라를 빼앗아 버릴 것이므로 그런 관계는 오래 지속되지 못한다.

만일 현명하지 못한 군주가 여러 사람들로부터 조언을 듣게 되면 일관된 의견을 얻을 수 없으며, 또 그런 의견들을 어떻게 조정할 것인지 알지 못한다. 조언자들은 한결같이 각자의 이익을 내세울 것이므로, 군주는 그 조언들을 제대로 이해하지도 못하고 통제하지도 못할 것이다.

  사람이란 어떤 필요에 따라 선한 행동을 해야 하는 경우가 아니라면 항상 악행을 저지르게 마련이기 때문에, 이런 결과는 불가피하다. 따라서 좋은 조언은, 그것을 누가 제시하든 근본적으로 군주의 현명함에서 비롯되는 것이며, 훌륭한 조언에 의해 군주가 현명해지는 것은 아니라고 할 수 있다.

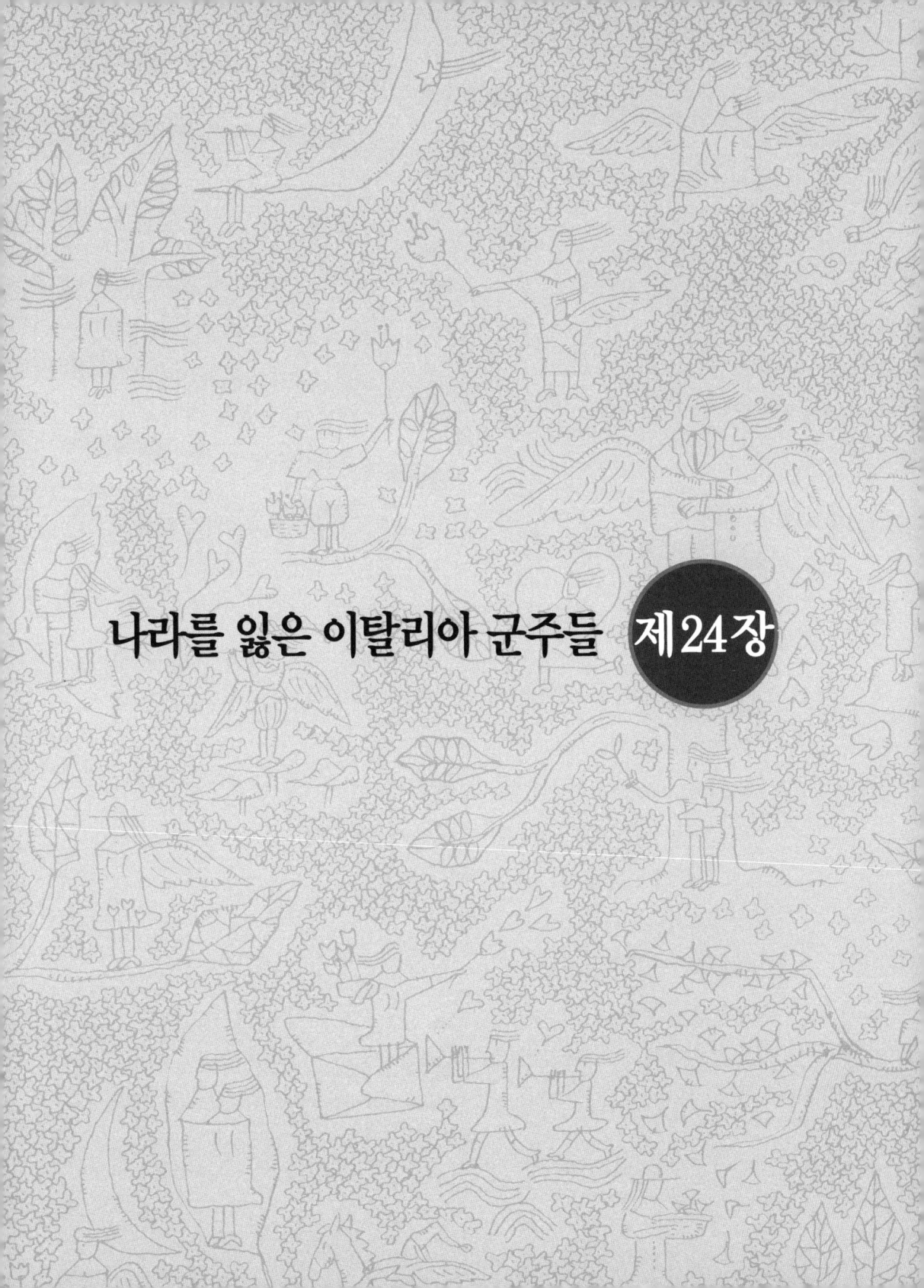

나라를 잃은 이탈리아 군주들   제24장

신생 군주의 이점

앞에서 논의한 것들을 신중하게 실천에 옮긴다면 신생 군주도 오래된 군주처럼 보이게 될 것이고, 또 세습 군주보다 짧은 시간 내에 그 지위를 더욱 확고하고 안정되게 다질 수 있을 것이다.

신생 군주의 행동은 세습 군주보다 훨씬 더 많은 관심과 주목을 받게 마련이다. 만약 그의 활동이 훌륭하다고 인정되면, 세습 군주보다 민심을 얻는 데 보다 효과적이고 더욱 많은 인재를 끌어모을 수 있다.

왜냐하면 사람이란 지나간 일보다 현재의 일에 더 깊은 관심이 있고, 현재 상태에 만족하게 되면 그것을 즐기면서 더 이상의 변화는 바라지 않기 때문이다. 그 밖의 다른 문제에서 잘못을 저지르지 않는 한 그들은 신생 군주를 보호하기 위해 최선을 다할 것이다.

따라서 신생 군주는 이중의 영광을 누리게 될 것이다. 새로운 군주국을 건설하고, 훌륭한 법률, 강한 군대, 신뢰할 만한 동맹 및 위대한 행동으로 그 나라를 잘 정비하고 부강하게 만들었기 때문이다.

그 반면 나라를 물려받았지만 그 자신의 지혜 부족으로 그것을 잃는 세습 군주는 이중의 수모를 겪을 것이다.

국가를 잃은 군주들의 결점

나폴리 왕, 밀라노 공작 등과 같이 근래에 권력을 잃은 이탈리아의 군주들을 살펴보면, 앞서 길게 논의했던 것처럼 첫째로 군사적인 면에서 공통적인 결점을 가지고 있다. 둘째 그 나라들 중 일부에서는 백성들이 군주에 대해 적대적이었거나, 백성들은 호의적이었지만 귀족들로부터 자신을 안전하게 지키는 방법을 알지 못했다. 이런 결점들이 없다면, 전쟁터에 군대를 파견할 능력이 있는 군주는 결코 국가를 잃지 않을 것이다.

마케도니아의 필리포스 왕(알렉산드로스 대왕의 아버지가 아니라 티투스 퀸투스에게 패한)은 무력과 영토면에서 자신을 공격한 로마나 그리스에 비해 결코 우세하지 않았다. 그러나 그는 진정한 용사였으며, 백성들의 지지를 획득하고 귀족을 다루는 데 능숙했으므로, 공격자에 대항하여 여러 해 동안 그 전쟁을 수행할 수 있었다. 그리고 비록 몇 개 도시를 잃기는 했지만, 결국 왕국을 지키는 데 성공했다.

자신의 능력으로 얻은 것만이 확실하다

그러므로 오랫동안 다스리던 나라를 잃은 우리의 군주들은 악운을 탓할 것이 아니라 오히려 자신의 무능을 탓해야 한다. 왜냐하면 평화시에 변화가 닥쳐올 수도 있다는 것을 전혀 생각하지 않았기 때문이다(날씨가 좋을 때 폭풍을 미리 짐작하지 않는 것은 인간의 공통적인 약점이다). 그러다가 위기가 닥치면, 그들은 방어할 생각은 하지 않고 오직 도망할 궁리만 했다. 그리고 정복자의 오만함에 분노한 백성들이 자신들을 다시 불러주기를 기다렸다.

 이런 방법은 다른 대안이 없다면 시도할 수도 있지만, 그것만 믿고 다른 대책을 등한시하는 것은 옳지 않다. 누군가 자신을 붙잡아 일으켜 줄 것을 기대하며 넘어져서는 안 된다. 아무도 도와주지 않을 수 있으며, 설령 누군가 일으켜 준다 해도 그것으로 군주가 안전해졌다고는 할 수 없다. 그것은 유약하고 비겁한 수단이다. 군주가 자기 스스로의 힘에 의지하지 않았기 때문이다. 자신의 능력에 의한 방어 수단만이 효과적이고 확실하며 오래 가는 법이다.

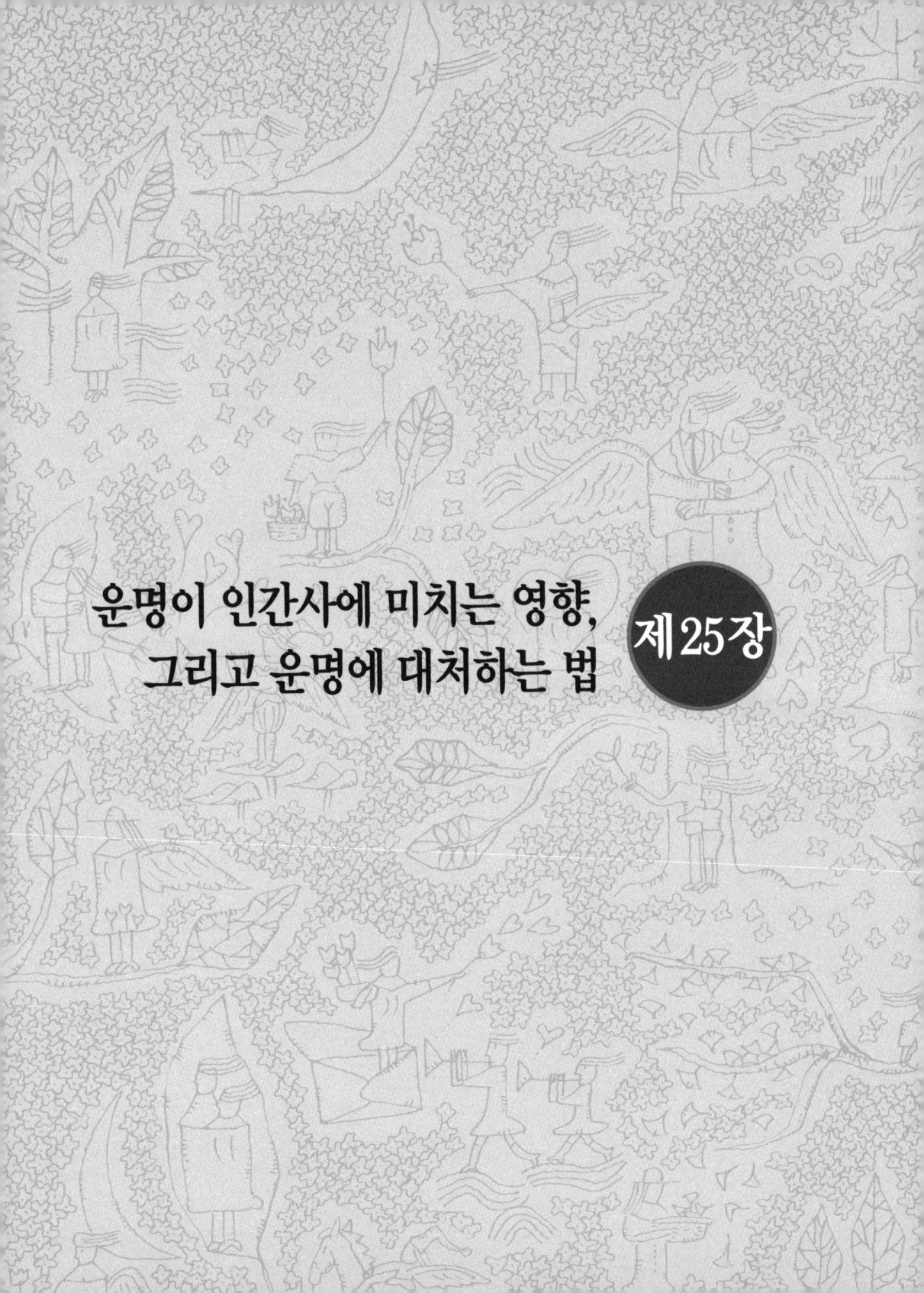

운명이 인간사에 미치는 영향, 그리고 운명에 대처하는 법

제25장

운명의 반은 사람에게 달렸다

본래 세상일이란 운명과 신에 의해 지배되기 때문에, 인간의 지혜로는 그것을 바꿀 수 없으며 또 어떤 해결책도 없다고 많은 사람들이 믿어 왔고 또 아직도 그렇게 믿고 있다는 것을 잘 알고 있다. 그러므로 어떤 일에 대해 굳이 애쓸 필요가 없으며, 모든 일은 그저 운명에 맡기는 수밖에 없다고 판단할 수도 있다. 이런 견해는 지금까지[1] 일어난, 그리고 앞으로 일어날 예상치 못한 엄청난 변화들 때문에 오늘날 더욱 확고하게 믿어지고 있다. 이 문제에 관해 생각할 때, 나도 어느 정도까지는 그런 견해에 공감하게 된다.

그러나 인간의 자유의지를 박탈하지 않기 위해서, 나는 운명이란 인간 행동의 절반만 주재할 뿐이고 최소한 나머지 반은 우리 인간들에게 맡겨져 있다는 생각에 이끌린다.

---

1 1494년 이탈리아의 침입이 시작된 이후를 말한다.

운명의 힘은 통제할 수 있다

운명의 여신은 격류가 흐르는 강에 비유할 수 있다. 이 강물은 노하면 평원을 덮치고, 나무와 집들을 파괴하고, 이쪽 땅의 흙을 날라다 저쪽으로 옮겨 놓기도 한다. 모든 사람들이 이 격류에 맞서지 못한 채 도망치거나 그 난폭함에 무릎을 꿇는다. 비록 강물이 그런 본성을 지녔다 해도, 사람들은 날씨가 좋을 때 제방과 둑을 쌓음으로써 다시 강물이 붇더라도 제방을 넘어오지 못하게 하거나, 설령 넘어온다 할지라도 그 힘을 약화시키거나 통제할 수는 있다.

운명도 이와 마찬가지이다. 운명은 대항할 조직적인 힘이 없는 곳에서 그 위력을 떨치며, 그것을 막기 위한 제방이나 둑이 없는 곳으로 힘을 집중한다.

이런 격변의 근원이자 무대인 이탈리아를 살펴보면, 이 나라가 바로 제방이나 둑이 없는 들판이라는 것을 알게 될 것이다. 만일 이탈리아가 독일, 프랑스, 에스파냐처럼 적절한 수단으로 방어벽을 만들었다면 홍수로 인한 대변혁을 겪지 않았거나, 아니면 아예 홍수 자체가 일어나지 않았을 것이다. 이것으로 운명에 맞서는 일반적인 방법에 대한 언급은 충분하리라 생각한다.

그 행동이 시대의 흐름에 맞는 사람은 성공한다

그러나 이 문제를 좀더 특별한 경우에 국한시켜 보면, 오늘은 흥했던 군주가 그 재능이나 성품에 어떤 변화가 없었음에도 불구하고 내일은 망하는 것을 볼 수 있다. 이것은 앞에서 살펴본 원인, 즉 전적으로 운명에 의지하던 군주가 그 운이 다하면 몰락하게 된다고 생각한다. 나아가 자신의 행동 방식이 시대의 흐름에 맞는 군주는 성공하고 그 반대일 때는 실패할 것이다.

왜냐하면 모든 사람이 추구하는 목표, 곧 영광과 부를 향해 각기 다른 방식으로 접근하기 때문이다. 어떤 사람은 신중하게, 어떤 사람은 과감하게, 어떤 사람은 강력하게, 어떤 사람은 교묘하게, 어떤 사람은 참을성 있게, 어떤 사람은 성급하게 나아간다. 이와 같이 각자 자신의 목표를 향해 다양한 방식으로 나아가는 것이다.

그런데 똑같이 신중하게 접근하는 두 사람 중 한 사람은 목표를 달성하고 다른 사람은 실패하는 경우를 볼 수 있다. 또한 서로 다른 기질을 가진 두 사람, 즉 한 사람은 신중하게, 다른 사람은 과감하게 처신했지만 똑같이 성공하는 경우를 볼 수 있다.

이런 모든 결과의 원인은 그들이 시대의 흐름에 맞게 행동했는가에서 찾을 수 있다. 결과적으로 내가 말한 것처럼 서로 다르게 행동한 두 사람이 같은 결과에 도달하고, 똑같이 행동했는데 한 사람은 성공하고 한 사람은 실패하게 될 수 있다.

이로부터 번영과 쇠퇴가 거듭된다. 만약 어떤 사람이 신중하고 참을성 있게 행동하고 시대의 흐름이 그의 방법에 어울리는 방향으로 바뀐다면 그는 성공할 것이다. 그러나 시대의 흐름이 달라졌는데도 자신의 행동 방식을 바꾸지 않는다면 실패할 것이다.

그러나 이런 변화에 유연하게 적응할 만큼 용의주도한 사람은 별로 없다. 인간이란 타고난 본성과 기질로부터 벗어날 수 없고, 또 언제나 성공을 거두어 온 일정한 방법을 쉽게 바꾸려 하지 않기 때문이다. 따라서 만약 신중한 성격의 소유자가 과감하게 행동해야 할 시대의 흐름을 맞는다면, 어떻게 행동해야 할지 몰라서 결국 실패하고 말 것이다. 그러나 시대의 흐름에 맞게 자신의 행동을 변화시킬 수 있다면 그는 언제나 성공할 것이다.

운명의 주인이 된 교황 율리우스 2세

　교황 율리우스 2세는 모든 일을 언제나 과감하게 처리했는데, 시대의 흐름과 상황이 그의 행동 양식과 적절히 맞아떨어져 늘 좋은 결과를 얻을 수 있었다. 조반니 벤티볼리오가 몰락하기 이전 그가 볼로냐에 대해 감행했던 첫 원정을 살펴보자.
　베네치아인들은 이 계획에 반대했고, 에스파냐 왕 역시 반대했다. 교황은 이 문제에 대해 프랑스 왕과도 협의를 한 적이 있다. 그럼에도 불구하고 교황은 특유의 결단력과 과감성을 가지고 친히 원정에 나섰다. 이 행동은 에스파냐 왕과 베네치아인들로 하여금 아무 대책도 세우지 못한 채 수동적으로 방관하게 만들었다. 베네치아인들은 두려움 때문에, 에스파냐 왕은 나폴리 왕국을 되찾고 싶은 열망 때문이었다.
　교황은 프랑스 왕을 자기 편으로 끌어들였다. 프랑스 왕은 베네치아인들을 굴복시키기 위해 교황과 동맹을 원했는데, 교황이 이미 진격에 나선 이상 군대 파견을 거부한다면 분명히 그의 기분을 거스를 것이라 판단했던 것이다. 율리우스는 이와 같이 과감한 행동으로 지혜와 슬기를 갖춘 어떤 교황도 이루지 못한 업적을 이루었다.

만약 그가 다른 교황처럼 모든 준비가 충분히 갖추어진 다음에 비로소 로마를 떠나려고 했다면 결코 성공하지 못했을 것이다. 그렇게 했다면 프랑스 왕은 군대 파견을 연기할 수 있는 수많은 구실을 찾아냈을 것이고, 다른 나라들도 교황이 신중하게 처신해야 할 수천 가지의 이유를 내놓았을 것이다.

교황이 이룬 다른 업적들에 대해서는 언급하지 않겠다. 그것들은 모두 비슷한 성질의 것이고, 또 모두 좋은 결과를 가져왔다. 그는 단명[2]했으므로 실패를 맛볼 여유가 없었다. 그러나 만일 신중한 행동이 요구되는 상황에 처했더라면, 그는 몰락하고 말았을 것이다. 그는 결코 타고난 성품을 벗어나는 행동은 하지 않았을 것이기 때문이다.

운명에는 대담하게 맞서라

그러므로 운명은 변화하는데 사람은 자신의 방식을 고집하기 때문에, 그 두 가지가 잘 조화를 이루면 성공하고 그렇지 못할 때는 실패한다는 결론에 이르게 된다.

이 문제에 대해 나는 신중한 것보다는 과감한 편이 더 낫다고 확신한다. 왜냐하면 운명의 신은 여신이므로, 그녀를 정복하려면 거칠게 다루는 것이 필요하기 때문이다.

---

2 정확하게 말하면 재위 기간이다.

그리고 그녀는 신중한 사람보다 과감하게 행동하는 사람에게 더욱 이끌린다는 것은 분명하다. 또한 운명은 언제나 젊은 사람들을 좋아한다.[3] 왜냐하면 젊은 사람들은 신중함이 덜하고, 보다 공격적이며, 보다 대담한 행동으로 그녀를 상대하기 때문이다.

---

[3] 운명이 젊은이의 친구라는 생각은 마키아벨리의 희곡 「클리치아」에도 표현되어 있다.

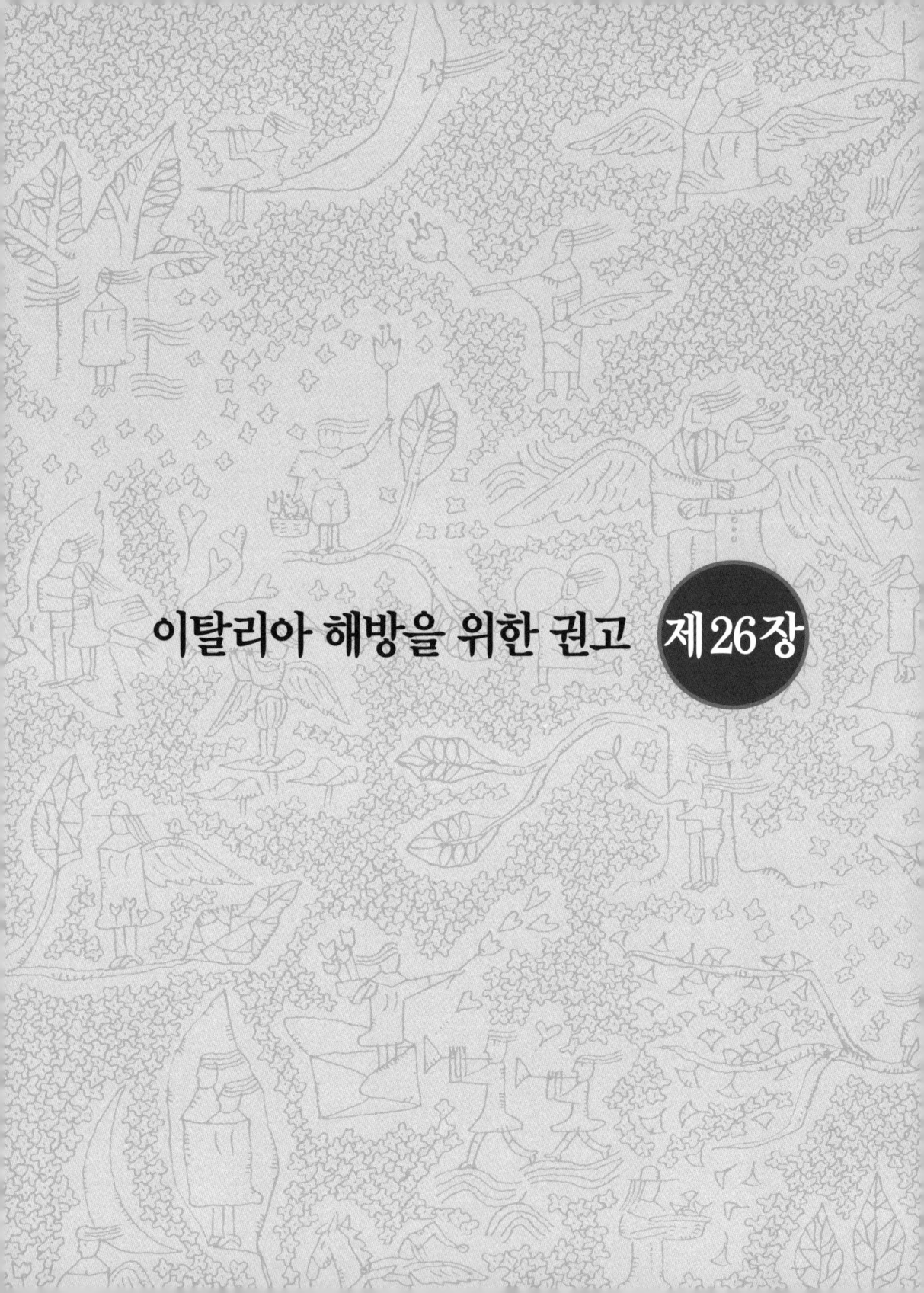

이탈리아 해방을 위한 권고　제26장

신생 군주를 맞을 준비를 갖춘 이탈리아

　지금까지 논의한 문제를 되새겨보며, 현재 이탈리아가 신생 군주에게 영광을 부여할 때를 맞이했는가, 신중하고 능력 있는 군주에게 영광을 부여함과 동시에 백성들에게 일반적인 행복을 가져다 줄 새로운 정권을 구성할 적당한 기회가 왔는가에 대해 곰곰이 생각해 보고 있다. 나로서는 신생 군주에게 많은 요소들이 유리하게 조성되어 있어, 영광을 이루기에 지금보다 더 적절한 시기는 결코 없었던 것처럼 보인다.

　앞에서 이미 언급했던 것처럼, 모세의 능력을 보여주기 위해서는 이스라엘 민족이 이집트에 예속되는 것이 필요했고, 키루스의 위대한 정신을 드러내기 위해서는 페르시아인들이 메디아인들에게 억압을 받아야 했으며, 테세우스의 뛰어난 역량을 보여주기 위해서는 아테네인들은 뿔뿔이 흩어져 있을 필요가 있었다.

　그와 마찬가지로 이탈리아인들이 지닌 정신의 진가를 드러내기 위해서는 지금과 같은 절망적인 상황에 부딪쳐야 할 필요가 있다. 이탈리아인들은 이스라엘 백성보다 훨씬 더 비참한 노예 상태에 있어야 하고, 페르시아인들보다

제26장 이탈리아 해방을 위한 권고 _ 185

더욱 억압받아야 하며, 아테네인들보다 더욱 뿔뿔이 흩어져 있어야 한다. 그리고 지도자도 없고, 질서나 안정도 없고, 짓밟히고, 약탈당하고, 갈기갈기 찢기고 유린당하고, 한 마디로 모든 종류의 재난을 겪어야만 한다.

새로운 지도자를 기다리는 이탈리아

그런데 최근 한 인물이 신으로부터 이탈리아의 구원을 명령받은 것처럼 한 가닥 희망을 보여주었지만, 그는 그 생애의 절정에서 운명에 배척당하고 쓰러져 버렸다. 그로 인해 이탈리아는 활기를 잃은 채, 다만 롬바르디아에서 자행되는 약탈과 나폴리와 토스카나 왕국에서 일어나는 착취행위를 종식시키고, 또 그토록 오랫동안 곪아 온 깊은 상처를 치유해 줄 누군가를 애타게 기다리고 있다.

지금 이탈리아는 야만적인 잔인함과 압제에서 구원해 줄 인물을 보내 달라고 신에게 간절하게 기도하고 있다. 이탈리아는 누군가 깃발을 들고 나타나기만 하면 기꺼이 그 뒤를 따를 각오와 열의로 가득 차 있다.

이탈리아 통일을 위해 신이 선택한 메디치 가문

이제 이탈리아에서 희망을 걸 만한 대상은 오직 전하의 가문밖에 없다. 전하의 가문이야말로 행운과 능력을 갖추고 있고, 신과 교회의 가호를 받고 있으므로 구원자의 역할을 수행할 수 있다.

만일 전하가 앞에서 언급한 위인들의 생애와 행적을 기억에 되새긴다면, 그 일은 그다지 어렵지 않을 것이다. 비록 그들은 평범하지 않은 뛰어난 사람들이긴 했지만, 그들 역시 인간이었으며, 그들 중 어느 누구도 지금과 같은 절호의 기회는 가지지 못했다.

왜냐하면 그들의 과업이 전하에게 주어진 것만큼 정의롭거나, 쉽거나, 신의 가호를 받은 것이 아니기 때문이다. 이것이야말로 정의로운 과업이다. '꼭 필요할 때 하는 전쟁은 정의로운 것이며, 무력에 호소하는 것 이외에는 희망이 없을 때는 무력 또한 신성하다.' 지금이야말로 놓칠 수 없는 좋은 기회이며, 이때 전하의 가문이 앞서 열거한 위인들의 방법을 따르기만 한다면, 큰 어려움은 없을 것이다.

그 밖에도 신이 전하에게 보내는 특별하고 영험한 전조들이 나타나고 있다. 즉 바다가 갈라지고, 구름이 앞길을 지시하며, 바위에서 물이 솟아나고, 하늘에서 만나[1]가 떨어지는 등[2] 모든 것이 전하가 이룰 미래의 영광을 예시하고 있다. 그 나머지는 전하가 이루시지 않으면 안 되는 것이다. 왜냐하면 신은 우리의 자유의지와 영광을 빼앗지 않기 위해 모든 것을 스스로 다하려고 하지 않기 때문이다.

---

1 구약성서에 나오는 것으로, 이집트를 탈출한 이스라엘 사람들이 광야를 헤맬 때 신이 내려준 음식. 출애굽기 16장 14~36절.
2 이스라엘 사람들이 이집트에서 약속의 땅 가나안으로 가던 일을 상기시키는 비유들이다.

이탈리아에 필요한 것은 유능한 지도자

앞에서 이름을 든 이탈리아인들[3]이 영광스러운 전하의 가문이 이룰 것으로 기대되는 바를 성취할 수 없었다거나, 수없이 많은 혁명과 전쟁에서 이탈리아인들의 군사적 능력과 용맹이 다 사라진 것처럼 보였다거나 하는 것은 놀라운 일이 아니다. 오래된 제도가 부실한데다가 새로운 제도를 생각해 내어 만들 수 있는 사람이 아무도 없었기 때문이다.

신생 군주에게 새로운 법률과 제도를 고안하는 것만큼 명예로운 일은 없다. 이런 제도들이 견고한 기초 위에 서고 뿌리내리게 되면, 그 군주는 존경과 찬탄의 대상이 된다. 그리고 이탈리아에는 그런 형상으로 빚어낼 요소가 풍부하다.

이탈리아에서 개인들 중에는 뛰어난 능력과 용맹을 가진 사람이 많은데, 우두머리들은 그렇지 못하다. 결투나 소규모의 전투에서 보여주는 이탈리아인들의 힘과 기술, 그리고 재주는 대단하다. 그러나 일단 군대라는 형태로 싸울 때는 그런 특징을 찾아볼 수 없다. 이 모든 것은 지도자들의 나약함으로부터 비롯된다.

유능한 자는 쉽게 명령에 복종하지 않으며, 모든 사람은 각자 자신이 가장 유능하다고 생각한다. 지금까지 자신의 능력과 행운에 의해 다른 사람들을 복종시킬 만한 인물은 아무도 없었다. 그 결과, 20년이라는 오랜 세월에 일어난 수많은 전쟁에서 오직 이탈리아인만으로 이루어진 군대는 언제나 부진을 면

[3] 프란체스코 스포르차나 체사레 보르자.

치 못했다. 이런 사실의 증거로는 우선 타로의 전투가 있으며, 알렉산드리아, 카푸아, 제노바, 바일라, 볼로냐 및 메스트리의 전투가 모두 그러했다.

나라를 구하는 것은 자국의 군대뿐

그러므로 만일 영광스러운 전하의 가문이 나라를 구원한 위대한 인물들을 본받고자 한다면, 무엇보다 먼저 모든 군사행동의 참된 기초가 될 전하 자신의 군대를 조직해야 한다. 왜냐하면 그보다 더 충성스럽고 믿을 만하고 훌륭한 군대는 없기 때문이다. 그리고 그 병사 개개인이 아무리 용감하다 할지라도, 군주가 그들을 직접 지휘하고, 존중하고 후대하면, 단결하여 훨씬 훌륭한 군대가 될 것이다. 그러므로 이탈리아인의 힘만으로 외세로부터 우리를 지키기 위한 첫 단계는 전하 자신의 사람들로 이루어진 군대를 양성하는 일이다.

스위스와 에스파냐의 보병이 두려운 상대로 평가되고 있지만, 둘 다 약점이 있으므로 제3의 군대로 그들을 능히 대적할 수 있고 타도할 수도 있다고 확신한다. 에스파냐군은 기병에 약하고, 스위스군은 자신들만큼 용감하게 싸우는 보병에게는 두려움을 품고 있기 때문이다.

따라서 이미 알고 있는 것처럼, 에스파냐의 보병은 프랑스 기병을 이기지 못하고, 스위스 보병은 에스파냐의 보병에게 패퇴했다.

물론 스위스 보병부대의 경우는 직접적인 증거를 찾을 수 없지만, 라벤나 전투에서 그런 면모를 엿볼 수 있었다. 그 전투에서 에스파냐 보병은 스위스군과 같은 전술을 사용하는 독일군과 싸웠다. 에스파냐군은 기민하게 움직이면서 손에 쥔 작은 방패를 활용해 독일군의 긴 창 아래로 뚫고 들어가 공격했다. 독일군은 그들을 격퇴할 수 없었다. 만일 그때 기병대가 도와주지 않았더라면 독일군은 전멸했을 것이다.

그러므로 두 나라 보병의 결점을 포착하게 되면, 기병대를 격퇴하고 보병대를 두려워하지 않는 새로운 체제의 부대를 조직할 수 있을 것이다. 적절한 무기를 선택하고 전투 대형을 변화시킴으로써 이를 성취할 수 있을 것이다. 이는 완전히 새로운 것으로, 신생 군주에게 명성과 위대함을 안겨 줄 것이다.

이탈리아 통일을 위한 마지막 권고

그토록 오랫동안 기다려 온 구원자를 찾아낸 지금, 이탈리아는 무슨 일이 있어도 이 기회를 그냥 흘려보내서는 안 된다. 이방인들 등쌀에 고통받는 이탈리아의 모든 지역 사람들이 그 구원자를 얼마나 열렬한 흠모의 정을 가지고 대할 것인가! 나는 그것을 말로는 도저히 표현할 수가 없다. 그때 어느 누가 문을 닫고 있을 것인가? 어떤 백성이 그에게 복종하기를 거부할 것인가? 어떤 질투심이 그의 앞길을 막을 것인가? 어떤 이탈리아 사람이 그에 대한 예의를 갖추지 않을 것인가?

야만족의 지배로 인한 악취가 모든 사람의 코를 찌르고 있다. 이제 영광스러운 전하의 가문이 용기와 희망을 가지고 이 정의로운 임무를 맡아 주어야 한다. 그리하여 전하의 깃발 아래 우리 조국은 숭고해지고, 전하의 지도하에 페트라르카의 시가 현실이 될 수 있을 것이다.

    분노보다는 용맹으로
    무기를 들 것이다.
    전투는 짧게 끝날 것이다.
    그 옛날의 용기가
    이탈리아 사람들의 가슴속에 아직 살아 있으므로.

옮긴이의 말

〈군주론〉은 1513년 피렌체 태생의 니콜로 마키아벨리(Niccolo Machiavelli, 1469~1527)가 쓴 것이다.

오늘날 많은 사람들은 마키아벨리를 《군주론》의 저자이며 '목적을 위해서는 수단과 방법을 가리지 말라'는 뜻으로 통용되는 마키아벨리즘으로만 기억하고 있다. 그러나 그는 《군주론》 외에도 로마 공화정을 연구한 《로마사론》과 《전술론》, 그리고 피렌체의 역사를 정리한 《피렌체사》와 문학작품도 저술한 역사가이며 작가였다.

마키아벨리는 13세기 이래 여러 명의 고위 행정관을 배출한 피렌체의 명문에서 태어났다. 법률가였던 아버지는 매우 검소한 생활을 했는데, 파산으로 모든 공직에서 물러난 뒤로는 근교의 소규모 부동산 수입에 의존하며 극히 제한된 소송사건을 처리하고 있었다. 훗날 마키아벨리는 "나는 즐거움 이전에 가난으로 인한 고통을 참는 것부터 배워야 했다"라고 고백했다.

29세 때인 1498년, 마키아벨리는 피렌체 공화정의 외교관으로 공직생활을 시작했다. 그로부터 15년 동안 그는 외교사절로서 뛰어난 능력을 보였으나, 1512년 피렌체 공화정이 붕괴되고 메디치 가의 군주정이 복원되자 공직에서 쫓겨났다. 그런데다가 1513년 반(反)메디치 음모에 가담했다는 혐의로 감옥에 갇혔다.

 같은 해 4월, 교황 레오 10세가 즉위하자 마키아벨리는 특사를 받아 석방되었다. 더 이상 피렌체에 머무를 수 없었던 마키아벨리는 근교의 산장에서 은둔에 가까운 생활을 했다. 그 무렵 저술한 것이 《군주론》을 비롯한 《로마사론》, 《전술론》 등이다. 1527년 메디치 군주정이 무너지고 공화정이 복원되었다. 공화주의자였던 마키아벨리는 공직 복귀에 대한 기대를 가졌다. 그러나 그 뜻을 이루지 못하고, 결국 그로 인해 위장병을 얻어 6월 21일 세상을 떠났다. 그때 그의 나이는 58세였다.

 '군주는 어떻게 권력을 얻고 또 그것을 유지할 수 있을 것인가'를 그 중심적인 내용으로 삼고 있는 《군주론》은 고대와 중세의 전통적인 사상과 도덕에 반기를 들었던 최초의 근대 철학서이다. 당시 이탈리아의 정치적 상황을 생각하면, 마키아벨리의 《군주론》은 새로운 가치관이 절실했던 시대적 배경의 산물이었음을 알 수 있다.

 마키아벨리가 활약하던 시대는 르네상스 말기인 16세기 초로, 차츰 교황을 중심으로 하는 중세의 질서가 무너지고 근대국가의 틀이 갖추어지기 시작하고 있었다. 군소 국가들 간의 대립, 외세의 침략 등 혼란스러운 상황에서 메디치 가문처럼 강력한 힘을 지닌 군주가 사분오열된 이탈리아를 통일시키고 외세로부터 해방시켜 줄 것이라 생각하고, 그 기대를 《군주론》이라는 한 권의 저서에 담았던 것이다.

 마키아벨리가 《군주론》에서 주장한 사상은 피렌체 공화국의 외교관으로서 프랑스의 루이 12세, 신성 로마 제국의 막시밀리안 황제, 교황 율리우스 2세, 그리고 체사레 보르자를 직접 만나면서 형성되었다. 즉 그들을 세심하게 관찰

하면서 줄곧 정치적으로 불안정했던 피렌체 공화국의 운명을 어떻게 하면 바람직한 방향으로 바꿀 수 있을 것인가에 초점을 맞추었던 것이다.

사실 《군주론》은 마키아벨리가 살아 있을 때는 햇빛을 보지 못했다. 그러다가 그의 사망 후 5년 만인 1532년 로마에서 출간되었다. 1536년 추기경 레디나르 폴은 《군주론》을 '악마의 사상'이라고 비판했으며, 1559년 로마 교황청은 금서(禁書) 목록을 발표하고 《군주론》을 비롯한 마키아벨리의 모든 저서를 그 속에 포함시켰다.

이와 같이 '악마의 책' 취급을 받던 《군주론》이 비로소 새로운 평가를 받게 된 것은 그후 250여 년이 지나서였다. 루소는 《사회계약론》에서 "마키아벨리의 《군주론》은 공화주의자의 교과서이다"라고 말했다. 군주에게 가르침을 주는 것처럼 가장하여 백성들에게 위대한 교훈을 주었다는 것이다.

그로부터 《군주론》은 수많은 사상가들로부터 실용정치의 교과서로 인정받으며, 500년이 지난 오늘날까지 꾸준히 읽히고 있다.

고전으로 미래를 읽는다 019
군주론

초판 발행_2007년 6월 20일
개정판 중판 발행_2019년 1월 10일

옮긴이_박철규
펴낸이_지윤환
펴낸곳_홍신문화사

출판 등록_1972년 12월 5일(제6-0620호)
주소_서울시 동대문구 안암로50-1(용두동) 730-4(4층)
대표 전화_(02) 953-0476
팩스_(02) 953-0605

ISBN 978-89-7055-688-8 03340

ⓒ Hong Shin Publishing Co. Printed in Korea
*값은 뒤표지에 있습니다.
*잘못 만들어진 책은 바꾸어 드립니다.